武汉市财政学校课程训练体系丛书

出纳岗位实务训练体系

刘 颖 主编

中国建材工业出版社

图书在版编目（CIP）数据

出纳岗位实务训练体系/刘颖主编．--北京：中国建材工业出版社，2020.1（2023.1 重印）

ISBN 978-7-5160-2751-6

Ⅰ.①出… Ⅱ.①刘… Ⅲ.①出纳－会计实务－中等专业学校－教材 Ⅳ.①F233

中国版本图书馆 CIP 数据核字（2019）第 271211 号

内 容 提 要

本书根据中华人民共和国教育部颁布的《中等职业学校专业教学标准（试行）》和《中等职业学校财经类专业课程教学大纲》，结合《2019 年湖北省普通高等学校招收中职毕业生技能高考财经类技能考试大纲》的要求，以中国财政经济出版社出版的《出纳岗位实务》为蓝本，以项目教学目标为依据进行编写的。习题的选编，严格执行大纲的要求，体现"以服务为宗旨，以就业为导向"的职业教育办学方针，遵循培养高素质劳动者的目标，突出重点知识，注重双基训练。

本书内容包括：认识出纳岗位，出纳员的基本技能，现金业务，银行存款业务，银行账户的开立与撤销，出纳员工作交接等。本书按照教材的项目顺序，以知识点为单位进行编写，每个知识点练习题分为单项选择题、多项选择题、判断题、实训题四种题型，标明了难度系数，并配备了综合测试题。

本书可供中等职业学校的教师和学生使用。

出纳岗位实务训练体系

Chuna Gangwei Shiwu Xunlian Tixi

刘　颖　主编

出版发行：中国建材工业出版社
地　　址：北京市海淀区三里河路 11 号
邮　　编：100831
经　　销：全国各地新华书店
印　　刷：北京雁林吉兆印刷有限公司
开　　本：787mm×1092mm　1/16
印　　张：8.25
字　　数：185 千字
版　　次：2020 年 1 月第 1 版
印　　次：2023 年 1 月第 2 次
定　　价：33.00 元

本社网址：www.jccbs.com，微信公众号：zgjcgycbs
请选用正版图书，采购、销售盗版图书属违法行为
版权专有，盗版必究，举报有奖。 本社法律顾问：北京天驰君泰律师事务所，张杰律师
举报信箱：zhangjie@tiantailaw.com　举报电话：（010）57811389
本书如有印装质量问题，由我社市场营销部负责调换，联系电话：（010）57811387

《出纳岗位实务训练体系》
编 写 组

主 编 刘 颖
参 编 余奇琪 杨 超 柯 珂 郭婉玉

前 言

本书根据中华人民共和国教育部颁布的《中等职业学校专业教学标准（试行）》和《中等职业学校财经类专业课程教学大纲》，结合《2019年湖北省普通高等学校招收中职毕业生技能高考财经类技能考试大纲》（简称考纲）的要求，以中国财政经济出版社出版的《出纳岗位实务》为蓝本，结合中职学生的实际水平编写而成。

本书紧扣大纲和考纲的要求，注重中职学生的认知规律，吸收中职会计教学经验；注重概念的理解、知识的运用、技能的提升；突出职业特色，提高用基础知识解决实际问题的能力。编写内容系统全面、要点明确，既符合大纲和考纲的要求，又能满足各个层次学生的需要。

《出纳岗位实务》是会计专业的入门课程，也是本专业最重要的岗位实训课程之一。要学好这门课程，必须进行扎实全面的强化练习。本书按项目顺序编写，与中国财政经济出版社出版的《出纳岗位实务》同步，以知识点为单位编写，每一个知识点选取了适量习题，还标明了难度系数，以适应不同层次水平的学生练习。配备实训题，检验学习效果，进一步查漏补缺，提高技能。

本书由武汉市财政学校的教学一线教师编写，刘颖担任主编，参加编写的有余奇琪、杨超、柯珂、郭婉玉老师。

本书在编写中得到了武汉市财政学校领导的关怀与指导以及教务科、各专业教研室同仁的大力支持，在此一并表示感谢。

由于编者水平有限，加之编写时间仓促，书中难免有不妥之处，恳请广大读者批评指正。

编 者
2019年9月

目 录

项目一　认识出纳岗位 1

1.1　熟悉出纳岗位设置、工作职责与内部管理要求 1
  1.1.1　熟悉公司出纳岗位设置 1
  1.1.2　熟悉出纳岗位职责与职业素质要求 1
  1.1.3　了解出纳工作内部控制要求 2
1.2　熟悉库存现金、重要票据及印章的保管 3
  1.2.1　熟悉库存现金和有价证券的保管要求 3
  1.2.2　熟悉空白支票及空白收据的保管 3
  1.2.3　熟悉相关印鉴的保管 4
1.3　学会登记日记账 4
  1.3.1　启用日记账簿 4
  1.3.2　登记现金日记账 5
  1.3.3　登记银行存款日记账 5
  1.3.4　日记账的对账与结账 6

项目二　出纳员的基本技能 7

2.1　掌握人民币验钞技能 7
  2.1.1　熟悉第五套人民币防伪特征 7
  2.1.2　学会假币鉴别方法 8
2.2　练习人民币点钞技能 8

项目三　现金业务 9

3.1　熟悉现金管理规定 9
  熟悉库存现金的使用范围 9
3.2　掌握库存现金典型业务的账务处理 16
  3.2.1　提现业务 16
  3.2.2　现金送存业务 17
  3.2.3　收取现金业务 18
  3.2.4　支付现金业务 19
  3.2.5　现金清查业务 21
3.3　现金业务实训 23

  3.3.1 提现业务 …………………………………………………………… 23
  3.3.2 现金送存银行业务 ……………………………………………………… 25
  3.3.3 收取现金业务 …………………………………………………………… 26
  3.3.4 支付现金业务 …………………………………………………………… 27
  3.3.5 现金清查业务 …………………………………………………………… 29

项目四 银行存款业务 ……………………………………………………………… 30

 4.1 银行结算管理规定 ……………………………………………………………… 30
  4.1.1 银行结算管理 …………………………………………………………… 30
  4.1.2 银行结算原则、结算纪律 ……………………………………………… 31
 4.2 银行结算方式 …………………………………………………………………… 32
  4.2.1 转账支票结算方式 ……………………………………………………… 32
  4.2.2 银行汇票结算业务 ……………………………………………………… 34
  4.2.3 商业汇票结算业务 ……………………………………………………… 36
  4.2.4 银行本票业务 …………………………………………………………… 37
  4.2.5 汇兑 ……………………………………………………………………… 39
  4.2.6 委托收款结算业务 ……………………………………………………… 40
  4.2.7 信用卡结算方式 ………………………………………………………… 41
  4.2.8 托收承付结算方式 ……………………………………………………… 43
  4.2.9 网上银行结算方式 ……………………………………………………… 44
 4.3 银行存款典型业务账务处理 …………………………………………………… 45
  4.3.1 办理转账支票业务账务处理 …………………………………………… 45
  4.3.2 办理银行汇票业务 ……………………………………………………… 48
  4.3.3 委托收款业务账务处理 ………………………………………………… 50
  4.3.4 汇兑业务账务处理 ……………………………………………………… 52
  4.3.5 商业汇票业务账务处理 ………………………………………………… 53
  4.3.6 银行本票业务账务处理 ………………………………………………… 55
 4.4 银行存款的清查 ………………………………………………………………… 56
  4.4.1 银行存款清查的方法 …………………………………………………… 56
  4.4.2 未达账项 ………………………………………………………………… 56
  4.4.3 编制银行存款余额调节表 ……………………………………………… 57
 4.5 银行存款业务实训 ……………………………………………………………… 58
  4.5.1 办理转账支票业务账务处理 …………………………………………… 58
  4.5.2 办理银行汇票业务 ……………………………………………………… 61
  4.5.3 委托收款业务账务处理 ………………………………………………… 62
  4.5.4 汇兑业务账务处理 ……………………………………………………… 64
  4.5.5 商业汇票业务账务处理 ………………………………………………… 65
  4.5.6 银行本票业务账务处理 ………………………………………………… 67

  4.5.7 微信收支业务账务处理 ·················· 68

  4.5.8 支付宝收支业务账务处理 ················ 72

  4.5.9 编制银行存款余额调节表 ················ 75

项目五 银行账户的开立与撤销 ·················· 77

5.1 银行账户的开立 ························· 77

  5.1.1 开户银行的选择 ······················ 77

  5.1.2 企业基本存款账户的开立 ················ 78

  5.1.3 一般存款账户的开立 ··················· 79

  5.1.4 专用存款账户的开立 ··················· 80

  5.1.5 临时存款账户的开立 ··················· 80

5.2 银行基本存款账户的撤销 ····················· 81

  5.2.1 了解企业撤销银行基本存款账户的原因 ········ 81

  5.2.2 了解企业撤销银行基本存款账户的手续 ········ 82

5.3 企业网上银行的开立 ························ 82

项目六 出纳员工作交接 ························· 84

6.1 出纳员工作交接的要求 ······················· 84

  6.1.1 明确出纳员工作交接重点内容 ·············· 84

  6.1.2 明确出纳员工作交接的主要环节 ············· 87

6.2 出纳员工作交接手续 ························ 88

综合练习题 ································· 95

 一、现金业务练习 ···························· 95

 二、银行存款业务练习 ························· 104

项目一　认识出纳岗位

1.1　熟悉出纳岗位设置、工作职责与内部管理要求

1.1.1　熟悉公司出纳岗位设置

单项选择题 1（1 分，难度系数 0.7）
（　　）是管理货币资金、票据、有价证券进进出出的一项工作。
　A. 会计　　　　B. 总经理　　　　C. 董事长　　　　D. 出纳

多项选择题 1（2 分，难度系数 0.7）
出纳是按照有关规定和制度，办理本单位的（　　）等工作的总称。
　A. 现金收付　　B. 银行结算　　C. 保管财务印章　　D. 保管有价证券

多项选择题 2（2 分，难度系数 0.7）
一般企业财务部门人员构成包括（　　）。
　A. 财务主管　　B. 会计　　　　C. 出纳　　　　　　D. 仓管员

判断题 1（1 分，难度系数 0.7）
狭义的出纳工作仅指各单位会计部门专设出纳岗位或人员的各项工作。（　　）

1.1.2　熟悉出纳岗位职责与职业素质要求

单项选择题 1（1 分，难度系数 0.9）
以下不属于出纳人员日常工作事项的是（　　）。
　A. 现金收支业务　　　　　　　B. 银行转账业务
　C. 日记账登记与对账　　　　　D. 总账的登记与保管

多项选择题 1（2 分，难度系数 0.75）
以下属于出纳人员职业道德修养的是（　　）。
　A. 爱岗敬业、稳重细心　　　　B. 清正廉洁、洁身自好
　C. 遵纪守法、严格要求　　　　D. 实事求是、科学理财

多项选择题 2（2 分，难度系数 0.75）
出纳人员日常工作事项包括（　　）。
　A. 现金收支业务　　　　　　　B. 银行转账业务
　C. 日记账登记与对账　　　　　D. 银行账户的开立、变更和撤销

判断题 1（1 分，难度系数 0.9）
出纳工作是管理货币资金、票据、有价证券进进出出的一项工作。（　　）

判断题 2（1 分，难度系数 0.9）

出纳人员应在正式移交工作前，在出纳账的账簿启用表上填写移交日期，并加盖名单。   （ ）

判断题 3（1 分，难度系数 0.9）

对于出纳人员来说，出纳业务处理的步骤和方法，根据账务处理程序的不同而有所不同。   （ ）

1.1.3　了解出纳工作内部控制要求

单项选择题 1（1 分，难度系数 0.75）

根据内部控制制度的要求，出纳人员可以经办的是（　　）。

A. 库存现金收付业务　　　　　　B. 收入、费用类账目的登记

C. 债权、债务类账目的登记　　　D. 各项业务的稽核

单项选择题 2（1 分，难度系数 0.75）

出纳人员可以兼任（　　）。

A. 稽查

B. 收入、支出、费用、债权债务账目的登记

C. 会计档案的管理

D. 固定资产明细账的登记

单项选择题 3（1 分，难度系数 0.75）

凡是涉及款项和财务收付、结算及登记的任何一项工作，必须由（　　）分工协作办理。

A. 一人　　　　B. 三人　　　　C. 两人或两人以上　　D. 五人

多项选择题 1（2 分，难度系数 0.75）

根据内部控制制度的要求，会计人员（非出纳人员）可以经办的是（　　）。

A. 债权、债务类账目的登记　　　B. 库存现金管理业务

C. 库存现金收付业务　　　　　　D. 会计档案保管

多项选择题 2（2 分，难度系数 0.75）

根据内部控制制度的要求，出纳人员不得经办的是（　　）。

A. 库存现金收付业务　　　　　　B. 收入、费用类账目的登记

C. 债权、债务类账目的登记　　　D. 各项业务的稽核

多项选择题 3（2 分，难度系数 0.75）

根据内部控制制度的要求，出纳人员可以经办的是（　　）。

A. 债权、债务类账目的登记　　　B. 库存现金管理业务

C. 库存现金收付业务　　　　　　D. 会计档案保管

判断题 1（1 分，难度系数 0.9）

会计凭证不得外借，其他单位如因特殊原因需要使用会计凭证时，经有关人员批准可以复制并登记。   （ ）

判断题 2（1 分，难度系数 0.9）

出纳工作是账实兼管。对出纳工作的这种分工，并不违背财务"钱账分管"的原则。   （ ）

1.2 熟悉库存现金、重要票据及印章的保管

1.2.1 熟悉库存现金和有价证券的保管要求

单项选择题 1（1分，难度系数 0.9）
根据现金收支日常管理的有关规定，下列说法正确的是（　　）。
A. 企业支付现金时，可以从本单位的现金收入中直接支付
B. 企业可用"白条顶库"，但最长时间不得超过 1 个月
C. 企业可用"白条顶库"，但最长时间不得超过 1 天
D. 企业现金收入应于当日送存开户银行，当日送存有困难的，由开户银行确定送存时间

多项选择题 1（2分，难度系数 0.9）
按照库存现金保管制度的要求，出纳人员应该（　　）。
A. 超过库存限额以外的库存现金应在下班前送存银行
B. 限额内的库存现金当日核对清楚后，一律放入保险柜内，不得放在办公桌内过夜
C. 单位的库存现金不准以个人名义存入银行
D. 库存的纸币和铸币应实行分类保管

多项选择题 2（2分，难度系数 0.9）
根据现金收支日常管理的有关规定，下列说法不正确的是（　　）。
A. 企业支付现金时，可以从本单位的现金收入中直接支付
B. 企业可用"白条顶库"，但最长时间不得超过 1 个月
C. 企业可用"白条顶库"，但最长时间不得超过 1 天
D. 企业现金收入应于当日送存开户银行，当日送存有困难的，由开户银行确定送存时间

判断题 1（1分，难度系数 0.9）
企事业单位在需要库存现金开支时，可以从本单位的库存现金中支付，也可以从本单位的库存现金收入中直接支付。　　　　　　　　　　　　　　　　　　　　　（　　）

1.2.2 熟悉空白支票及空白收据的保管

单项选择题 1（1分，难度系数 0.9）
企业必须对空白支票严格管理，实行专人保管、票印分管，建立（　　）。
A. 支票领用登记簿　　　　　　　　B. 空白收据登记簿
C. 现金日记账簿　　　　　　　　　D. 银行日记账簿

多项选择题 1（2分，难度系数 0.9）
空白收据一般应由（　　）保管，建立（　　）。
A. 出纳　　　　B. 会计主管　　　　C. 空白收据登记簿　　D. 支票领用登记簿

判断题 1（1 分，难度系数 0.9）

签发人必须在银行账户余额内按照规定向收款人签发支票，不能签发空头支票。

（　　）

1.2.3　熟悉相关印鉴的保管

单项选择题 1（1 分，难度系数 0.75）

由单位或个人签发，并委托其开户银行在见票时无条件支付确定金额给收款人或者持票人的票据称为（　　）。

A. 支票　　　　B. 银行汇票　　　　C. 银行本票　　　　D. 商业汇票

多项选择题 1（2 分，难度系数 0.75）

根据支付结算法律制度的规定，关于支票的下列表述中，正确的是（　　）。

A. 支票基本当事人包括出票人、付款人、收款人

B. 支票金额和收款人名称可以由出票人授权补记

C. 出票人不得在支票上记载自己为收款人

D. 支票的付款人是出票人的开户银行

多项选择题 2（2 分，难度系数 0.75）

下列各项中，属于支票出票时可以授权补记的事项有（　　）。

A. 出票日期　　B. 金额　　　　C. 收款人姓名　　　　D. 付款人姓名

判断题 1（1 分，难度系数 0.9）

支票是一种支付凭证，包括现金支票和转账支票。

（　　）

判断题 2（1 分，难度系数 0.9）

出纳人员不得负责收入、费用、债权债务等账目的登记工作，但可以兼管会计档案保管。

（　　）

判断题 3（1 分，难度系数 0.9）

支票和财务专用章可以由同一个人保管。

（　　）

判断题 4（1 分，难度系数 0.9）

普通支票既可以用于转账又可以用于取现。

（　　）

判断题 5（1 分，难度系数 0.9）

为填列支票方便，单位的支票和印鉴可以由出纳人员一人保管。

（　　）

1.3　学会登记日记账

1.3.1　启用日记账簿

单项选择题 1（1 分，难度系数 0.75）

下列各选项中，符合账簿中文字和数字书写要求的是（　　）。

A. 为了防止做假，应写满格

B. 不要写满格，一般应占格距的 1/3

C. 不要写满格，一般应占格距的 1/2

D. 登记账簿不得隔页、跳行

多项选择题 1（2 分，难度系数 0.75)

以下属于账簿扉页"账簿启用表"应填写的内容是（　　）。

A. 单位名称

B. 账簿名称、页数

C. 记账人员和会计机构负责人、会计主管人员姓名

D. 加盖名章和公章

多项选择题 2（2 分，难度系数 0.9)

下列各选项中，不符合账簿中文字和数字书写要求的是（　　）。

A. 为了防止做假，应写满格

B. 不要写满格，一般应占格距的 1/3

C. 不要写满格，一般应占格距的 1/2

D. 登记账簿不得隔页、跳行

判断题 1（1 分，难度系数 0.9)

登记账簿时可以用蓝黑墨水或者碳素墨水书写，也可以使用圆珠笔书写，但不能使用铅笔。　　　　　　　　　　　　　　　　　　　　　　　　　　　　　（　　）

1.3.2　登记现金日记账

单项选择题 1（1 分，难度系数 0.75)

现金日记账应由出纳人员根据收付款凭证逐日逐笔登记，（　　）结出余额与库存现金核对。

A. 每月　　　　B. 每日　　　　C. 定期　　　　D. 每 3~5 天

多项选择题 1（2 分，难度系数 0.9)

现金日记账的登记依据包括（　　）。

A. 现金收款凭证　B. 现金付款凭证　C. 银行收款凭证　D. 银行付款凭证

判断题 1（1 分，难度系数 0.9)

库存现金日清月结制度中的"日清"指的是出纳人员应对当日的库存现金收付业务全部登记库存现金日记账，结出账面余额，并与库存现金核对相符。（　　）

判断题 2（1 分，难度系数 0.9)

按规定现金日记账应由出纳人员登记，银行存款日记账应由会计人员登记。（　　）

1.3.3　登记银行存款日记账

单项选择题 1（1 分，难度系数 0.75)

银行存款日记账是由（　　）根据与银行存款有关的记账凭证，按时间先后顺序逐日逐笔登记的账簿。

A. 会计　　　　B. 出纳　　　　C. 会计主管　　　　D. 总经理

多项选择题 1（2分，难度系数0.9）
银行存款日记账的登记依据包括（　　）。
A. 现金收款凭证　　B. 现金付款凭证　　C. 银行收款凭证　　D. 银行付款凭证
判断题 1（1分，难度系数0.9）
按规定银行存款日记账应由出纳人员登记。　　　　　　　　　　　　　　　（　　）

1.3.4　日记账的对账与结账

单项选择题 1（1分，难度系数0.75）
下列各选项中，不属于出纳人员日记账对账工作的是（　　）。
A. 账实核对　　B. 账证核对　　C. 账账核对　　D. 账表核对
多项选择题 1（2分，难度系数0.75）
出纳人员日记账对账工作主要包括（　　）。
A. 账实核对　　B. 账证核对　　C. 账账核对　　D. 账表核对
判断题 1（1分，难度系数0.9）
账账核对属于出纳人员对账的主要工作之一。　　　　　　　　　　　　　　（　　）
判断题 2（1分，难度系数0.9）
日记账可以不必每日结出余额。　　　　　　　　　　　　　　　　　　　　（　　）
判断题 3（1分，难度系数0.9）
日记账月末要结出本月发生额及月末余额，并在发生额及余额栏画通栏双红线。
　　　　　　　　　　　　　　　　　　　　　　　　　　　　　　　　　　（　　）

项目二 出纳员的基本技能

2.1 掌握人民币验钞技能

2.1.1 熟悉第五套人民币防伪特征

单项选择题 1（1 分，难度系数 0.75）
第五套人民币各面额纸币上的隐形面额数字在票面的（　　）。
A. 正面左下方　　　B. 正面右下方　　　C. 正面右上方　　　D. 背面左上方

单项选择题 2（1 分，难度系数 0.75）
第五套人民币 100 元纸币的光变面额数字的颜色变化是（　　）。
A. 绿变金　　　　　B. 金变绿　　　　　C. 蓝变黄　　　　　D. 绿变蓝

单项选择题 3（1 分，难度系数 0.75）
第五套人民币 10 元纸币安全线包含的防伪措施是（　　）。
A. 全息、磁性、开窗　　　　　　　　　B. 磁性、荧光、开窗
C. 全息、荧光、开窗　　　　　　　　　D. 荧光、开窗

单项选择题 4（1 分，难度系数 0.75）
第五套人民币 5 元纸币水印中花卉图案是（　　）。
A. 菊花　　　　　　B. 月季花　　　　　C. 水仙花　　　　　D. 荷花

单项选择题 5（1 分，难度系数 0.75）
第五套人民币 2005 年版公告发行时间是（　　）。
A. 2005 年 9 月 1 日　　　　　　　　　B. 2005 年 8 月 31 日
C. 2005 年 10 月 1 日　　　　　　　　 D. 2005 年 10 月 31 日

多项选择题 1（2 分，难度系数 0.75）
第五套人民币 2005 年版 100 元纸币保留的公众防伪特征是（　　）。
A. 雕刻凹版印刷　　　　　　　　　　　B. 白水印
C. 手工雕刻头像　　　　　　　　　　　D. 全息磁性开窗安全线

多项选择题 2（2 分，难度系数 0.75）
不属于第五套人民币 100 元纸币的光变面额数字的颜色变化是（　　）。
A. 绿变金　　　　　B. 金变绿　　　　　C. 蓝变黄　　　　　D. 绿变蓝

判断题 1（1 分，难度系数 0.9）
为保证数字书写规范，阿拉伯数字前写有币种符号的，金额数字后仍须再写货币单位。　　　　　　　　　　　　　　　　　　　　　　　　　　　　　　（　　）

2.1.2 学会假币鉴别方法

单项选择题 1（1 分，难度系数 0.75）
中国人民银行分支机构和中国人民银行授权的鉴定机构鉴定货币真伪时，应当至少有（　　）名鉴定人员同时参与。
A. 2　　　　　　B. 3　　　　　　C. 4　　　　　　D. 5

多项选择题 1（2 分，难度系数 0.75）
识别假币的简便办法可以归纳为（　　）。
A. 一看　　　　B. 二摸　　　　C. 三听　　　　D. 四测

多项选择题 2（2 分，难度系数 0.75）
金融机构在收缴假币过程中，出现下列哪些情形，应当立即报告当地公安机关（　　）。
A. 一次性发现假人民币 20 张以上，假外币 10 张以上
B. 属于利用新的造假手段制造假币的
C. 持有人不配合金融机构收缴行为的
D. 有制造贩卖假币线索的

多项选择题 3（2 分，难度系数 0.9）
验钞可通过验钞机进行，同时也可通过以下（　　）方面进行识别。
A. 纸张识别　　B. 凹印技术识别　　C. 水印识别　　D. 荧光识别

判断题 1（1 分，难度系数 0.9）
真钞的正背互补对印图案是印钞专用设备正背面一次印刷完成。　　　　（　　）

2.2 练习人民币点钞技能

多项选择题 1（2 分，难度系数 0.9）
点钞必须做到（　　）。
A. 点准　　　B. 墩齐　　　C. 挑净　　　D. 捆紧　　　E. 盖章清楚

判断题 1（1 分，难度系数 0.9）
20 元人民币的背面主景图案为长江三峡。　　　　　　　　　　　　（　　）

判断题 2（1 分，难度系数 0.9）
10 元人民币票面主色调为蓝色。　　　　　　　　　　　　　　　　（　　）

判断题 3（1 分，难度系数 0.9）
1 元人民币的背面主景图案为杭州西湖。　　　　　　　　　　　　（　　）

项目三 现金业务

3.1 熟悉现金管理规定

熟悉库存现金的使用范围

单项选择题 1（1分，难度系数0.75）
下列不能用现金支付的是（　　）。
A. 购买办公用品 250 元　　　　　　B. 向个人收购农副产品 20 000 元
C. 从某公司购入工业产品 60 000 元　D. 支付职工差旅费 10 000 元

单项选择题 2（1分，难度系数0.75）
根据《库存现金管理暂行规定》的要求，结算起点为（　　）。
A. 1 000 元以下　　B. 1 000 元　　C. 2 000 元以下　　D. 2 000 元

单项选择题 3（1分，难度系数0.9）
下列有关企业办理现金收支业务的规定，叙述正确的是（　　）。
A. 企业现金收入应于当日送存开户银行
B. 企业支付现金时不得从本单位的库存现金限额中直接支付
C. 企业从开户银行提取现金，应当写明用途，由本单位财会部门负责人签字盖章，经开户银行审核后，予以支付现金
D. 企业因采购地点不固定、交通不便以及其他特殊情况必须使用现金的，可根据情况自主使用

单项选择题 4（1分，难度系数0.9）
根据现金收支日常管理的有关规定，下列说法正确的是（　　）。
A. 企业支付现金时，可以从本单位的现金收入中直接支付
B. 企业可用"白条顶库"，但最长时间不得超过 1 个月
C. 企业可用"白条顶库"，但最长时间不得超过 1 天
D. 企业现金收入应于当日送存开户银行，当日送存有困难的，由开户银行确定送存时间

单项选择题 5（1分，难度系数0.5）
出纳人员可以从事的工作是（　　）。
A. 保管会计档案　　　　　　　　　B. 登记债权、债务账目
C. 登记现金日记账和银行存款日记账　D. 登记收入、费用账目

单项选择题 6（1分，难度系数0.5）
从银行提取现金备用，登记库存现金日记账的依据是（　　）。

A. 现金付款凭证　　　　　　　　B. 现金收款凭证
C. 银行存款付款凭证　　　　　　D. 银行存款收款凭证

单项选择题 7（1 分，难度系数 0.5）
在原始凭证上金额￥3 618.63 的大写应书写为（　　）。
A. 人民币叁仟陆佰拾捌元陆角叁分
B. 人民币叁仟陆佰壹拾捌元陆角叁分整
C. 人民币叁仟陆佰壹拾捌元陆角叁分
D. 人民币叁仟陆佰壹拾捌点陆角叁分

单项选择题 8（1 分，难度系数 0.5）
填写原始凭证时，不符合书写要求的是（　　）。
A. 阿拉伯数字前面应当写货币品种符号
B. 大写金额有分的，分字后面可以写整，也可以不写整
C. 汉字大写金额不得写简化字
D. 书写金额与币种符号间不得留有空白

单项选择题 9（1 分，难度系数 0.5）
有关现金、银行存款收支业务的原始凭证，如果填写错误，则（　　）。
A. 按规定更正方法，在凭证上直接更正
B. 重新填写一份凭证
C. 在错误凭证上加盖"作废"章，重新填写一份凭证
D. 采用涂改、乱擦等方法更正

单项选择题 10（1 分，难度系数 0.5）
按内部牵制原则的要求，会计机构中保管会计档案的人员，不得由（　　）兼任。
A. 会计人员　　　　　　　　　　B. 会计机构负责人
C. 出纳人员　　　　　　　　　　D. 会计主管人员

单项选择题 11（1 分，难度系数 0.5）
现金日记账是由出纳人员按（　　）的顺序逐日逐笔登记。
A. 收付业务金额大小　　　　　　B. 收付业务发生
C. 先记收入后记支出　　　　　　D. 先记支出后记收入

单项选择题 12（1 分，难度系数 0.5）
出纳人员在办理收款或付款后，应在（　　）上加盖"收讫"或"付讫"的戳记，以避免重收重付。
A. 记账凭证　　　B. 原始凭证　　　C. 收款凭证　　　D. 付款凭证

单项选择题 13（1 分，难度系数 0.5）
三栏式现金日记账（　　）。
A. 在账页上应连续编号　　　　　B. 可以分别设置收入和支出两本账
C. 按现金收支的对应账户设置专栏　D. 以上说法都不正确

单项选择题 14（1 分，难度系数 0.5）
所谓日清月结，是指出纳人员办理现金出纳业务，必须做到（　　）。
A. 按日清理，按月结账　　　　　B. 按月清理，按日结账

C. 按日清理和结账 D. 按月清理和结账

单项选择题 15（1 分，难度系数 0.5）

某企业对总务部门实行定额备用金制度。总务部门备用金保管人员持有关凭证向会计部门报销，会计部门以现金补足定额，则应（　　）。

A. 借记"其他应收款—备用金"　　B. 贷记"其他应收款—备用金"
C. 借记"库存现金"　　D. 贷记"库存现金"

单项选择题 16（1 分，难度系数 0.5）

企业财务部门为了日常零星开支的需要，预付给企业内部各单位和职工个人备用的款项是（　　）。

A. 现金　　B. 应收账款　　C. 备用金　　D. 货币资金

单项选择题 17（1 分，难度系数 0.7）

一张原始凭证所列支出需要几个单位共同负担的，应该（　　）。

A. 由需要的单位复制一份
B. 由其他单位负担部分，开给对方原始凭证分割单
C. 由双方共同加以说明即可
D. 由保存该原始凭证的单位出具说明书给其他应分割单位

单项选择题 18（1 分，难度系数 0.5）

下列各项关于原始凭证的说法正确的是（　　）。

A. 职工出差预借差旅费在报销时应退回其原借据
B. 单位发生退货时可以以退货发票直接作为退货的依据作为记账凭证的附件
C. 原始凭证发生错误的不得涂改
D. 金额发生错误的原始凭证可以由出具单位更正并加盖公章

单项选择题 19（1 分，难度系数 0.5）

在填写现金支票出票日期时，"10 月 30 日"应填写成（　　）。

A. 拾月叁拾日　　B. 零拾月零叁拾日
C. 壹拾月叁拾日　　D. 零壹拾月零叁拾日

单项选择题 20（1 分，难度系数 0.5）

¥15 409.02 写成中文人民币大写为（　　）。

A. 壹万伍仟肆佰零玖元贰分　　B. 壹万伍仟肆佰零玖元零贰分
C. 壹万伍仟肆佰零玖元零角贰分　　D. 壹万伍仟肆佰零玖元零贰分整

单项选择题 21（1 分，难度系数 0.5）

下列各项中，属于开具发票时使用文字不正确的是（　　）。

A. 使用中文
B. 外资企业同时使用中文和外文
C. 外资企业可以使用外文
D. 民族自治地区同时使用中文和民族文字

单项选择题 22（1 分，难度系数 0.5）

根据《会计法》《会计基础工作规范》的规定，对原始凭证金额出现错误的（　　）。

A. 只能更正　　B. 重开或更正　　C. 只能重开　　D. 重开并更正

单项选择题 23（1 分，难度系数 0.9）

下列有关账簿的规定，符合国家统一会计制度的是（　　）。

A. 账簿登记只要符合会计业务的需要

B. 会计账簿记录发生错误应按规定方法更正，并由会计人员和会计机构负责人（会计主管人员）在更正处盖章

C. 库存现金日记账必须每天登记，但可以 10 天一次结出余额

D. 总账和库存现金日记账必须采用订本式

单项选择题 24（1 分，难度系数 0.5）

下列关于原始凭证的叙述错误的是（　　）。

A. 自制原始凭证必须有经办单位领导人或其指定的人员签名或盖章

B. 凡填写大小写金额的原始凭证，大小写如果不一致的，以大写为准

C. 销货退回时以退回发票及退货入库单作为销货退回的入账依据

D. 原始凭证金额错误的由原开具单位重开

单项选择题 25（1 分，难度系数 0.5）

关于库存现金限额的规定，以下说法错误的是（　　）。

A. 限额是由人民银行与开户单位商定的

B. 现金限额一般按 3～5 天的日常零星开支核定

C. 边远地区、交通不便地区可按 5～15 天的日常零星开支核定

D. 库存现金限额每年核定一次

单项选择题 26（1 分，难度系数 0.5）

以下不属于现金审批制度内容的是（　　）。

A. 制定各种报销凭证，规定报销手续和方法

B. 确定各种现金支出的审批权限

C. 明确本单位的现金开支范围

D. 明确现金结算的办法

单项选择题 27（1 分，难度系数 0.5）

以下说法错误的是（　　）。

A. 开户单位库存现金一律实行限额管理

B. 不准擅自"坐支"现金

C. 企业之间可以互借现金

D. "坐支"在一定的条件下是允许的

单项选择题 28（1 分，难度系数 0.5）

针对现金管理制度，以下说法正确的是（　　）。

A. 出纳人员下班前应将所有的现金送存银行

B. 出纳人员可将单位日常开支使用的备用金放在办公桌内，其余的应存入银行

C. 为保证现金安全，出纳人员可以将日常开支使用的备用金存入个人存折

D. 库存现金，包括纸币和铸币，应分类保管

单项选择题 29（1 分，难度系数 0.5）

日记账的最大特点是（　　）。

A. 按现金和银行存款分别设置账户
B. 可以提供现金和银行存款的每日发生额
C. 可以提供现金和银行存款的每日静态、动态资料
D. 逐日逐笔顺序登记并随时结出当日余额

单项选择题30（1分，难度系数0.5）
下列账簿中，应使用订本式账簿的是（　　）。
A. 应付账款明细账　　　　　　　B. 应收账款明细账
C. 银行存款日记账　　　　　　　D. 应收票据备查簿

单项选择题31（1分，难度系数0.5）
现金日记账和银行存款日记账的编制应采用（　　）账簿。
A. 订本式　　　B. 活页式　　　C. 多栏式　　　D. 卡片式

单项选择题32（1分，难度系数0.5）
必须逐日逐笔登记的账簿是（　　）。
A. 明细账　　　B. 总账　　　C. 日记账　　　D. 备查账

多项选择题1（2分，难度系数0.9）
以下可以支付库存现金的业务是（　　）。
A. 向个人收购农副产品　　　　　B. 购买机器设备
C. 差旅费　　　　　　　　　　　D. 发放防暑降温费

多项选择题2（2分，难度系数0.9）
《现金管理暂行条例》规定，下列（　　）可用库存现金结算。
A. 职工张某出差预借差旅费1 500元
B. 购买办公用品500元
C. 支付原材料价款59 000元
D. 向个人收购蚕茧8 000元

多项选择题3（2分，难度系数0.9）
下列属于现金收支规定的有（　　）。
A. 不能从企业的库存现金收入中直接支付
B. 企业在规定范围内从银行提取库存现金，应当写明用途，并由本企业会计部门负责人签字盖章
C. 企业收购农副产品可以使用库存现金
D. 企业库存现金收入应于当日送存开户银行

多项选择题4（2分，难度系数0.9）
关于单位现金库存限额，下列说法正确的有（　　）。
A. 单位现金库存限额由单位负责人决定
B. 库存限额一经确定，单位必须严格遵守
C. 库存限额一般是单位3~5天的日常零星开支
D. 对于边远地区和交通不便地区的开户单位，其库存现金限额也不可多于5天的日常零星开支

多项选择题 5（2分，难度系数0.9）
下列（　　）事项可用库存现金结算。
A. 王经理出差借支差旅费 5 000 元　　B. 购买原材料 2 000 元
C. 向个人收购农产品 3 000 元　　　　D. 购买办公用品 60 元

多项选择题 6（2分，难度系数0.9）
企业财务部门于8月12日收到业务部门转来8月8日填制的原始凭证，并于8月13日编制记账凭证，8月14日将此记账凭证登记入账，则账簿中的"日期"栏填写不正确的有（　　）。
A. 8月8日　　B. 8月12日　　C. 8月13日　　D. 8月14日

多项选择题 7（2分，难度系数0.9）
现金日记账和银行存款日记账的登记要求主要有（　　）。
A. 由出纳人员负责登记　　　　B. 以审核无误的收、付款凭证为依据
C. 应逐日逐笔顺序登记　　　　D. 必须逐日结出收入合计和支出合计

多项选择题 8（2分，难度系数0.9）
登记现金日记账借方发生额的依据有（　　）。
A. 现金收款凭证　　　　B. 现金付款凭证
C. 银行存款收款凭证　　D. 银行存款付款凭证

多项选择题 9（2分，难度系数0.9）
对于现金日记账，下列说法正确的有（　　）。
A. 应采用订本式账簿　　　　B. 应由出纳人员登记
C. 必须逐日结出余额　　　　D. 通常采用三栏式账簿

多项选择题 10（2分，难度系数0.9）
库存现金的管理一般涉及（　　）三个方面。
A. 使用范围　　B. 使用权限　　C. 限额　　D. 收支控制

多项选择题 11（2分，难度系数0.9）
下列各项关于原始凭证描述正确的是（　　）。
A. 所有外来原始凭证必须盖有填制单位的公章，否则不得作为原始凭证报销
B. 凡填写大小写，应该一致，如果不一致则以大写为准
C. 发生销货退回的必须取得退货验收证明
D. 职工公出借款，收回时应另开收据或退回借据副本

多项选择题 12（2分，难度系数0.9）
下列关于原始凭证错误更正的做法正确的是（　　）。
A. 只要是错误的凭证一律要求重开
B. 金额错误的要求出具单位重开
C. 非金额部分错误可以由出具单位更正并加盖更正人员名章
D. 非金额部分错误可以由出具单位更正并加盖出具单位印章

多项选择题 13（2分，难度系数0.9）
一个单位是否需要设置会计机构，一般取决于（　　）。
A. 单位规模大小　　　　B. 经济业务和财务收支繁简

C. 经营管理的要求　　　　　　　D. 单位性质

多项选择题 14（2 分，难度系数 0.9）
下列符合现金管理内部控制规定的是（　　）。
A. 出纳人员登记现金日记账　　　B. 出纳人员负责稽核
C. 出纳人员每日盘点现金　　　　D. 出纳人员管理现金

多项选择题 15（2 分，难度系数 0.9）
下列关于原始凭证的叙述正确的是（　　）。
A. 自制原始凭证必须有经办单位领导人或其指定的人员签名或盖章
B. 凡填写大小写金额的原始凭证，大小写如果不一致的，以大写为准
C. 销货退回时以退回发票及退货入库单作为销货退回的入账依据
D. 原始凭证金额错误的由原开具单位重开

多项选择题 16（2 分，难度系数 0.9）
出纳工作中必须遵守（　　）有关货币资金内部控制制度。
A. 职责分工和职权分离制度　　　B. 授权和批准制度
C. 内部记录和核对制度　　　　　D. 货币资金安全制度

多项选择题 17（2 分，难度系数 0.9）
出纳不得兼任（　　）工作。
A. 稽核　　　　　　　　　　　　B. 登记收入费用、债权债务账目
C. 会计档案保管　　　　　　　　D. 登记现金、银行存款日记账

多项选择题 18（2 分，难度系数 0.9）
现金管理条例的基本原则包括（　　）。
A. 不准擅自"坐支"现金
B. 企业收入的现金不准作为储蓄存款存储
C. 严格按照国家规定的开支范围使用现金，结算金额超过起点的，不得使用现金
D. 不准编造用途套取现金

多项选择题 19（2 分，难度系数 0.9）
按照规定，允许"坐支"现金的情形主要有（　　）。
A. 基层供销社、粮店、食品店、委托商店等销售兼营收购的单位，向个人收购支付的款项
B. 邮局以汇兑收入款支付个人汇款
C. 医院以收入款退还病人的住院押金、伙食费等
D. 饮食店等服务行业找零款项等

判断题 1（1 分，难度系数 0.9）
我国的库存现金指的是人民币。　　　　　　　　　　　　　　　　　　　　（　　）

判断题 2（1 分，难度系数 0.9）
限额内的库存现金当日核对清楚后，可以放在办公桌内过夜。　　　　　　　（　　）

判断题 3（1 分，难度系数 0.9）
企业支付现金，可以从企业库存现金中支付或从开户银行中提取或从本企业的现金收入中直接支付。　　　　　　　　　　　　　　　　　　　　　　　　　　　　（　　）

判断题 4（1分，难度系数 0.9）
库存现金的限额由企业根据需要自己核定。（   ）

判断题 5（1分，难度系数 0.9）
不具备设置会计机构和会计人员能力的企业，可委托专门机构代理记账。（   ）

判断题 6（1分，难度系数 0.9）
按规定现金日记账应由出纳人员登记，银行存款日记账应由会计人员登记。（   ）

判断题 7（1分，难度系数 0.9）
填写原始凭证时小写金额￥30 068.45，大写应写为：人民币叁万零陆拾捌元肆角伍分整。（   ）

判断题 8（1分，难度系数 0.5）
库存现金日记账应该每天结出余额并与库存现金核对，但银行存款日记账则不需要。（   ）

3.2　掌握库存现金典型业务的账务处理

3.2.1　提现业务

单项选择题 1（1分，难度系数 0.9）
从银行提取现金备用，登记库存现金日记账的依据是（   ）。
A. 现金付款凭证　　　　　　　　B. 现金收款凭证
C. 银行存款付款凭证　　　　　　D. 银行存款收款凭证

单项选择题 2（1分，难度系数 0.5）
支票的付款期为（   ）。
A. 10 天　　　　B. 1 个月　　　　C. 2 个月　　　　D. 6 个月

单项选择题 3（1分，难度系数 0.75）
2019 年 5 月 20 日应写成（   ）。
A. 贰零壹玖年伍月贰拾日　　　　B. 贰零壹玖年零伍月贰拾日
C. 贰零壹玖年伍月零贰拾日　　　D. 二〇一九年五月二十日

单项选择题 4（1分，难度系数 0.5）
在填写现金支票时，需按规定在小写金额前面加符号"￥"，其作用是（   ）。
A. 为了美观　　　　　　　　　　B. 表明货币种类并防止作弊
C. 银行与企业约定的符号　　　　D. 无实际意义

多项选择题 1（2分，难度系数 0.75）
现金支票要加盖（   ）。
A. 现金收讫章　　B. 财务专用章　　C. 转账收讫章　　D. 法人章

判断题 1（1分，难度系数 0.5）
现金支票只能用于支取现金，不能用于转账，可以背书转让。（   ）

判断题 2（1分，难度系数 0.5）
原始凭证内容出现错误的，一律不得更正，只能由原开具单位重新开具。（   ）

判断题 3（1分，难度系数0.5）

一张原始凭证所列的支出需要由两个以上的单位共同负担时，应当由保存该原始凭证的单位将复印件提供给其他应负担的单位。（　　）

判断题 4（1分，难度系数0.5）

单位负责人对会计资料的真实性、完整性负责，充分体现了会计法对会计人员的保护。（　　）

判断题 5（1分，难度系数0.5）

职工公出借款收据，在收回借款时应退回借款人。（　　）

判断题 6（1分，难度系数0.5）

凡填写大小写的凭证，金额必须一致，如不一致按大写金额确定。（　　）

判断题 7（1分，难度系数0.5）

出纳岗位是进行货币资金收付业务记录的专门岗位。（　　）

判断题 8（1分，难度系数0.5）

大型企业单位可在财务处下设出纳科；中型单位可在财务科下设出纳室；小型单位可在财务股下配备专职出纳人员。（　　）

3.2.2　现金送存业务

单项选择题 1（1分，难度系数0.75）

将库存现金送存银行，应填制的记账凭证是（　　）。

A. 库存现金收款凭证　　　　　　B. 库存现金付款凭证
C. 银行存款收款凭证　　　　　　D. 银行存款付款凭证

多项选择题 1（2分，难度系数0.75）

必须逐日结出余额的账簿是（　　）。

A. 库存现金总账　　　　　　　　B. 银行存款总账
C. 库存现金日记账　　　　　　　D. 银行存款日记账

多项选择题 2（2分，难度系数0.75）

应在现金收、付款记账凭证上签字的有（　　）等。

A. 制单人员　　B. 出纳人员　　C. 审核人员　　D. 会计主管

多项选择题 3（2分，难度系数0.75）

在签发支票时，2 100.67 的大写金额正确的有（　　）。

A. 贰仟壹佰元陆角柒分　　　　　B. 贰仟壹佰元零陆角柒分整
C. 贰仟壹佰元零陆角柒分　　　　D. 贰仟壹佰零零元陆角柒分

判断题 1（1分，难度系数0.5）

要贯彻票、印分管的原则，空白支票和印章不得由同一人负责保管。（　　）

判断题 2（1分，难度系数0.5）

出纳人员在办理现金的收付与整点时，要做到准、快、好。"准"，就是钞券清点不错、不乱，准确无误。（　　）

判断题 3（1分，难度系数0.5）

每日终了后，出纳人员应将其使用的空白支票、银钱收据、印章、私人财物等放入

保险柜内。   （   ）

判断题 4（1分，难度系数0.5）
单位可以利用银行存款账户代其他单位、个人存入或支取现金。   （   ）

3.2.3　收取现金业务

单项选择题 1（1分，难度系数0.75）
出纳人员收妥现金后，应开具收款收据，并加盖（   ）。
A. 现金收讫章　　　B. 现金付讫章　　　C. 转账收讫章　　　D. 转账付讫章

单项选择题 2（1分，难度系数0.75）
张强报销差旅费3 200元，退回现金800元，结清原借款，该笔业务应计入管理费用的金额是（   ）。
A. 3 200元　　　B. 800元　　　C. 4 000元　　　D. 2 400元

单项选择题 3（1分，难度系数0.75）
收到罚款应记入（   ）科目。
A. 主营业务收入　　　B. 投资收益　　　C. 营业外收入　　　D. 管理费用

单项选择题 4（1分，难度系数0.75）
对于职工公出借款的凭据，下列会计处理方法不正确的是（   ）。
A. 收回借款时，退还款副本
B. 收回借款时，退还原借款凭据
C. 收回借款时，另开收据
D. 将借款凭据附在记账凭证之后

单项选择题 5（1分，难度系数0.75）
原始凭证是由（   ）取得或填制的。
A. 总账会计
B. 出纳人员
C. 会计主管
D. 业务经办单位或人员

单项选择题 6（1分，难度系数0.75）
职工张某出差归来，报销差旅费200元，交回多余现金100元。应填制的记账凭证是（   ）。
A. 收款凭证
B. 收款凭证和转账凭证
C. 转账凭证
D. 收款凭证和付款凭证

单项选择题 7（1分，难度系数0.75）
企业收回职工还回的借款，应（   ）。
A. 借记"库存现金"
B. 贷记"库存现金"
C. 借记"备用金"
D. 贷记"备用金"

单项选择题 8（1分，难度系数0.75）
现金收款凭证上填写的日期应该是（   ）。
A. 收取现金的日期
B. 编制收款凭证的日期
C. 原始凭证上注明的日期
D. 登记总账的日期

单项选择题 9（1分，难度系数0.75）
下列科目可能是收款凭证借方科目的是（   ）。
A. 物资采购　　　B. 应收账款　　　C. 银行存款　　　D. 待摊费用

多项选择题 1（2分，难度系数0.9）
采购员报销差旅费涉及的账户有（　　）。
A. 其他应收款　　　B. 库存现金　　　C. 其他应付款　　　D. 管理费用

多项选择题 2（2分，难度系数0.9）
单位的职工出差归来报销差旅费并上交回剩余现金的事项，根据差旅费报销单和收据，应填制的记账凭证有（　　）。
A. 现金付款凭证　　B. 现金收款凭证　C. 银行收款凭证　　D. 转账凭证

判断题 1（1分，难度系数0.7）
出纳人员应明确授权审批的制度规定，并按照审批人的批准意见办理货币资金业务，对于审批人超越授权范围、违反审批程序、或以不当的方式进行审批的货币资金业务，出纳人员有权拒绝办理。　　　　　　　　　　　　　　　　　　　　　　（　）

判断题 2（1分，难度系数0.7）
各种收付款业务应集中到会计部门办理，任何部门和个人不得擅自出具收款或付款凭证。　　　　　　　　　　　　　　　　　　　　　　　　　　　　　　　　（　）

判断题 3（1分，难度系数0.7）
会计可以兼任出纳；出纳不得兼任稽核、会计档案保管、收入费用、债权债务账目的登记工作。　　　　　　　　　　　　　　　　　　　　　　　　　　　　　（　）

判断题 4（1分，难度系数0.7）
出纳人员月末自己进行银行对账，并及时查找未达账项，编制"银行存款余额调节表"，做到日清月结。　　　　　　　　　　　　　　　　　　　　　　　　　　（　）

3.2.4　支付现金业务

单项选择题 1（1分，难度系数0.75）
用现金支付第一生产车间水电费200元，应编制会计分录（　　）。
A. 借：制造费用 200
　　贷：库存现金 200
B. 借：管理费用 200
　　贷：库存现金 200
C. 借：生产成本 200
　　贷：库存现金 200
D. 借：主营业务成本 200
　　贷：库存现金 200

单项选择题 2（1分，难度系数0.9）
采购人员预借差旅费，以库存现金支付，应借记（　　）账户核算。
A. 库存现金　　　　　　　　　　B. 管理费用
C. 其他应收款　　　　　　　　　D. 其他应付款

单项选择题 3（1分，难度系数0.9）
某公司职工王强预支差旅费8 000元，财会部门以现金支付。下列会计分录正确的是（　　）。

A. 借：其他应收款——王强 8 000
　　贷：库存现金 8 000
B. 借：应收账款——王强 8 000
　　贷：库存现金 8 000
C. 借：其他应付款——王强 8 000
　　贷：库存现金 8 000
D. 借：管理费用 8 000
　　贷：库存现金 8 000

单项选择题 4（1分，难度系数 0.9）
支出证明单上要加盖（　　）。
A. 现金收讫章　　B. 现金付讫章　　C. 转账收讫章　　D. 转账付讫章

单项选择题 5（1分，难度系数 0.9）
现金日记账应由出纳人员根据收付款凭证逐日逐笔登记，（　　）结出余额与库存现金核对。
A. 每月　　B. 每日　　C. 定期　　D. 每 3～5 天

单项选择题 6（1分，难度系数 0.9）
以现金 50 元购买办公用品，应借记（　　）科目，贷记"库存现金"科目。
A. 制造费用　　B. 管理费用　　C. 生产成本　　D. 销售费用

单项选择题 7（1分，难度系数 0.9）
（　　）不可能成为现金支出的原始凭证。
A. 借款收据　　B. 工资表　　C. 报销单　　D. 商业承兑汇票

单项选择题 8（1分，难度系数 0.9）
出纳人员支付货币资金的依据是（　　）。
A. 收款凭证　　B. 付款凭证　　C. 转账凭证　　D. 原始凭证

多项选择题 1（2分，难度系数 0.9）
企业支付现金，不得（　　）。
A. 从企业库存现金限额中支付　　B. 从开户银行中提取支付
C. 坐支现金　　D. 从本企业的现金收入中直接支付

多项选择题 2（2分，难度系数 0.9）
企业以现金 25 000 元捐赠给灾区。会计分录为（　　）。
A. 借：库存现金 25 000 元　　B. 借：管理费用 25 000 元
C. 贷：库存现金 25 000 元　　D. 借：营业外支出 25 000 元

判断题 1（1分，难度系数 0.9）
付款凭证左上角"贷方科目"处，应填写"现金"或"银行存款"。　　（　　）

判断题 2（1分，难度系数 0.9）
企事业单位在需要库存现金开支时，可以从本单位的库存现金中支付，也可以从本单位的库存现金收入中直接支付。　　（　　）

判断题 3（1分，难度系数 0.9）
根据《内部会计控制规范——货币资金》的规定，出纳人员不得兼管收入费用、债

权债务账目的登记工作。 ( )

判断题 4（1分，难度系数0.9）
出纳人员应与货币资金清查人员相分离，即货币资金清查必须指定其他的专门人员，不能由出纳人员一人完成。 ( )

判断题 5（1分，难度系数0.9）
出纳人员应配备专用保险柜，保险柜钥匙由其他人员专人保管，不得交由其他人员代管保险柜密码。 ( )

判断题 6（1分，难度系数0.9）
存有空白支票的企业，必须明确指定专人妥善保管。 ( )

3.2.5 现金清查业务

单项选择题 1（1分，难度系数0.75）
库存现金清查应采用的方法是（ ）。
A. 实地盘点法　　　　　　　　B. 检查现金日记账
C. 倒挤法　　　　　　　　　　D. 抽查库存现金

单项选择题 2（1分，难度系数0.75）
对库存现金清查盘点时，（ ）必须在场。
A. 记账人员　　B. 出纳人员　　C. 单位领导　　D. 会计主管

单项选择题 3（1分，难度系数0.75）
当发现无法查明原因的库存现金溢余时，经批准后，贷记（ ）。
A. "待处理财产损溢"　　　　　B. "营业外收入"
C. "其他应收款"　　　　　　　D. "管理费用"

单项选择题 4（1分，难度系数0.75）
库存现金清查后，如发现库存现金日记账余额大于库存实有数额，在查明系由出纳人员工作差错导致之后，确定应由出纳人员赔偿时，应借记（ ）科目。
A. 其他应收款　　　　　　　　B. 管理费用
C. 营业外支出　　　　　　　　D. 待处理财产损溢

单项选择题 5（1分，难度系数0.75）
对于无法查明原因的库存现金盘亏做报销处理应通过（ ）账户核算。
A. 管理费用　　B. 营业外收入　　C. 销售费用　　D. 营业外支出

单项选择题 6（1分，难度系数0.9）
在清查中发现库存现金短缺，应贷记（ ）。
A. 待处理财产损溢　　B. 库存现金　　C. 其他应收款　　D. 管理费用

单项选择题 7（1分，难度系数0.9）
对于现金进行盘点时，（ ）必须在场。
A. 会计人员　　　　　　　　　B. 出纳人员
C. 单位负责人　　　　　　　　D. 上级主管单位负责人

单项选择题 8（1分，难度系数0.9）
对于现金进行盘点时，盘点结果应编制的原始凭证是（ ）。

A. 盘存单 B. 账存实存对比表
C. 库存现金盘点表 D. 银行对账单

单项选择题 9（1 分，难度系数 0.9）

"现金盘点报告表"应由（　　）签章方能生效。

A. 经理和出纳 B. 会计和盘点人员
C. 盘点人员和出纳 D. 会计和出纳

多项选择题 1（2 分，难度系数 0.75）

若企业库存现金实有数小于账面数 200 元，则导致该差错的原因可能有（　　）。

A. 库存现金出纳人员多付库存现金 B. 库存现金出纳人员少收库存现金
C. 库存现金出纳人员贪污 D. 误将 100 元支出作为收入入账

多项选择题 2（2 分，难度系数 0.75）

对库存现金进行清查盘点时，应该（　　）。

A. 清查现金实有数，并且与日记账余额核对
B. 盘点的结果应填列"现金盘点报告表"
C. 出纳人员必须在场，并且由其亲自盘点
D. 检查库存限额的遵守情况及有无白条抵库情况

判断题 1（1 分，难度系数 0.9）

对库存现金进行日清月结是出纳人员办理库存现金出纳工作的基本原则和要求，也是避免出现长短款的重要措施。　　　　　　　　　　　　　　　　　　　　（　　）

判断题 2（1 分，难度系数 0.9）

出现库存现金短缺时，属于应由责任人赔偿的部分，借记"待处理财产损溢——待处理流动资产损溢"账户，贷记"其他应收款——应收库存现金短缺款"账户。（　　）

判断题 3（1 分，难度系数 0.9）

现金清查时出纳人员不得在场，应回避。　　　　　　　　　　　　　　（　　）

判断题 4（1 分，难度系数 0.9）

现金清查后，如出现现金日记账账面余额和库存现金数额不符，应填写"现金盘点报告表"，并据以调整现金日记账的账面记录。　　　　　　　　　　　　（　　）

判断题 5（1 分，难度系数 0.9）

对于库存现金，只要保证出纳人员每天与日记账核对相符，就无须专门进行清查。

（　　）

判断题 6（1 分，难度系数 0.9）

假币绝不允许继续流通，如有意继续使用，则属于违法行为，严重的将追究刑事责任。　　　　　　　　　　　　　　　　　　　　　　　　　　　　　　　（　　）

案例分析题 1

2010 年 5 月，某市财政局派出检查组对蓝田公司的会计工作进行检查。检查中了解到以下情况：

（1）出纳人员周华除登记日记账、各种明细账外，兼任会计档案的保管工作；因特殊情况，周某请示财务主管，财务主管批准同意后将本单位的会计档案外借。

（2）该公司办公室主任持一张领导签字的白条，报销招待费，因有领导签字，出纳

人员周华办理了报销手续。

（3）公司供销员王强持若干张差旅费发票前来报销，出纳人员周华发现其中一张发票有改动的痕迹。怕影响同事之间的关系，周华仍给予办理了报销手续，但提醒供销员王强下不为例。

（4）单位出纳人员周华设置的库存现金和银行存款日记账采用了活页式账簿。为了分清每天的经济业务，周华登记银行存款日记账时，在一张账页上登记完当天的经济业务后，次日的经济业务在另一张账页上重新登记，并按十天一次结出余额。

要求：根据上述资料，结合我国会计法律制度的规定，分析指出公司存在的问题，并说明理由。

3.3 现金业务实训

背景材料：北京市中环电器公司位于北京市长安里888号，该公司生产、销售"洁静"牌吸尘器和"靓爽"牌电吹风两种产品，公司员工120人。

公司开户银行：工行北京长安里支行，账号：81451058675081002，公司法人王政，财务部长孙立，总账报表会计赵莉负责制证，出纳人员刘浩负责日常现金的收取与支付以及银行存款业务。

3.3.1 提现业务

2019年7月1日提现备用，开出现金支票一张，票号XII3573256，金额3 400元。请先填写支票领用登记簿和现金支票。

支票领用登记簿

日期	支票类型	支票号码	收款单位	金额	领用人	核准人

附加信息：		
	收款人签章	
	年 月 日	
身份证件名称：	发证机关：	
号码		

记 账 凭 证

年 月 日　　　　　　　　　字第　号

摘要	总账科目	明细科目	借方金额 千百十万千百十元角分	贷方金额 千百十万千百十元角分	√
					附单据张
合计					

财务主管　　　记账　　　出纳　　　审核　　　制单

2019年7月2日提现备用，开出现金支票一张，票号XII4579801，金额5 000元。请先判断出纳填写的现金支票是否正确，如不正确请改正。

中国工商银行
现金支票存根
支票号码 XII4579801
科　目
对方科目
签发日期 2019年7月2日
收款人：北京市中环电器公司
金　额：5000.00
用　途：备用金
备　注
单位主管　　　会计

中国工商银行 现金支票 （京）　XII4579801
出票日期(大写)　贰零壹玖年 柒月 贰日　付款行名称：工行北京长安里支行
收款人 北京市中环电器公司　出票人账号：81451058675081002
人民币(大写) 伍仟元整　　亿千百十万千百十元角分 5 0 0 0 0 0
用途 备用金
上列款项请从
我账户内支付
出票人签章
科目(借)　密码
对方科目(贷)
转账日期　年　月　日
复核　　记账

附加信息：		
	收款人签章	
	年 月 日	
身份证件名称：	发证机关：	
号码		

3.3.2 现金送存银行业务

2019年7月22日，将现金4 000元存入银行。100元33张，50元8张，10元12张，5元36张。请填写现金进账单。

记 账 凭 证

年　　月　　日　　　　　　　　　　　　　　字第　　号

摘要	总账科目	明细科目	借方金额										贷方金额										√	
			千	百	十	万	千	百	十	元	角	分	千	百	十	万	千	百	十	元	角	分		附单据　　　　张
合计																								

财务主管　　　　记账　　　　出纳　　　　审核　　　　　　　制单

3.3.3 收取现金业务

2019年7月12日，雷平出差回来报销差旅费2 357元，退回余款643元。请根据"差旅费报销单"填写"收款收据"。

差旅费报销单

2019年7月12日　　　　　　　　　　单据张数 6 张

姓名　雷平　　　　部门　销售部　　　　出差事由　销售产品

起止日期				起止地点	火车费	市内车费	住宿费	途中伙食补助			住勤费		其他	合计
月	日	月	日					标准	天数	金额	天数	金额		
7	6	7	7	北京—上海	453.00	165.00	900.00	70.00	4.0	280.00	3.00	240.00		2,038.00
7	10	7	11	上海—北京	319.00									319.00
				合计	772.00	165.00	900.00	70.00	4.00	280.00	3.00	240.00		2,357.00

人民币（大写）　贰仟叁佰伍拾柒元整　　　　应退（补）：643.00

审核：王政　　　部门主管：丁琼　　　财务主管：孙立　　　经手人：雷平

收款收据

年　　月　　日　　　　　　　　　　　　　编号：NO：001234

交款人（单位）								
摘要								
金额（大写）		万	千	百	十	元	角	分

主管：　　　　　　　　　会计：　　　　　　　　　　出纳：

记账凭证

年　月　日　　　　　　　　　字第　　号

摘要	总账科目	明细科目	借方金额										贷方金额										√
			千	百	十	万	千	百	十	元	角	分	千	百	十	万	千	百	十	元	角	分	
合计																							

财务主管　　　　记账　　　　出纳　　　　审核　　　　制单

3.3.4 支付现金业务

2019年7月5日，销售部职员雷平经批准到上海联系客户，借支3 000元。销售部负责人为丁琼。请填写借支单。

借 支 单

年　月　日

借款部门		职别		出差人姓名	
借款事由					
借款金额人民币（大写）					
部门负责人审批意见			公司负责人审批意见		

收款人：

记账凭证

年　月　日　　　　　　　　　字第　　号

摘要	总账科目	明细科目	借方金额										贷方金额										√
			千	百	十	万	千	百	十	元	角	分	千	百	十	万	千	百	十	元	角	分	
合计																							

财务主管　　　　记账　　　　出纳　　　　审核　　　　制单

2019年7月8日，从北京天源文化用品商店用现金购买办公用品596元。根据购物发票填写支出证明单。

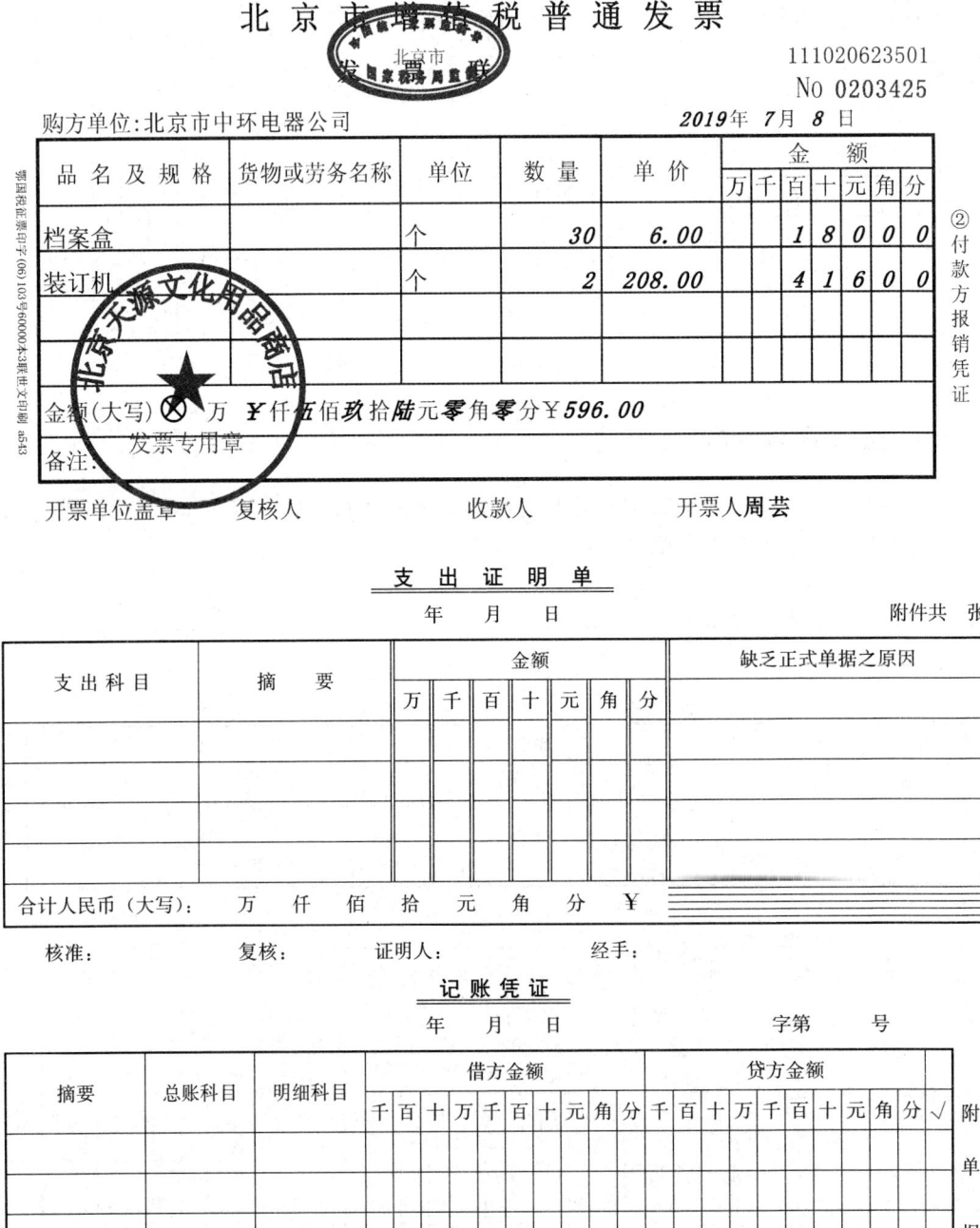

3.3.5 现金清查业务

2019年7月30日,该公司清查小组对库存现金进行盘点,发现实存金额为2 364.52元,账存金额为2 387.52元,请填写现金盘点报告表。

现金盘点报告表

盘点日期:2008年7月30日下午5:30

实存金额	账存金额	盈亏情况		备注
		盘盈数	盘亏数	
2 364.52	2 387.52		23.00	

处理意见:
　　列作企业收入。

　　　　　　　　　　　　　　　　　　　　　　　　　　　　王政

监点:孙立　　　　　　　复点:赵莉　　　　　　　核点:刘浩

记 账 凭 证

年　　月　　日　　　　　　　　　　　　　　　字第　　号

摘要	总账科目	明细科目	借方金额										贷方金额										√	
			千	百	十	万	千	百	十	元	角	分	千	百	十	万	千	百	十	元	角	分		附单据张
合计																								

财务主管　　　　记账　　　　出纳　　　　审核　　　　制单

记 账 凭 证

年　　月　　日　　　　　　　　　　　　　　　字第　　号

摘要	总账科目	明细科目	借方金额										贷方金额										√	
			千	百	十	万	千	百	十	元	角	分	千	百	十	万	千	百	十	元	角	分		附单据张
合计																								

财务主管　　　　记账　　　　出纳　　　　审核　　　　制单

项目四 银行存款业务

4.1 银行结算管理规定

4.1.1 银行结算管理

单项选择题 1（1分，难度系数 0.75）
根据支付结算法律制度的规定，下列行为中，属于伪造票据的是（　　）。
A. 挖补票据金额　　　　　　　　　　B. 覆盖票据到期日
C. 涂改票据收款人名称　　　　　　　D. 假冒票据签章

单项选择题 2（1分，难度系数 0.75）
银行结算原则中的恪守信用原则提到，收款人必须以（　　）为前提，不许套取银行信用。
A. 商业汇票　　　　　　　　　　　　B. 银行汇票
C. 提供约定的劳务或商品　　　　　　D. 银行凭证

单项选择题 3（1分，难度系数 0.75）
根据《支付结算办法》及有关规定，单位和个人必须遵守的结算纪律包括：不准套取银行信用，不得签发空头支票，还有（　　）。
A. 不准以任何理由压票　　　　　　　B. 不准无理拒付
C. 不准违章承兑　　　　　　　　　　D. 不准拒绝受理

单项选择题 4（1分，难度系数 0.75）
下列各选项中，不属于银行应遵守的结算纪律的是（　　）。
A. 不准套取银行信用　　　　　　　　B. 不准以任何理由压票
C. 不准在结算制度之外规定附加条件　D. 不准违章承兑、贴现商业汇票

多项选择题 1（2分，难度系数 0.9）
《银行结算办法》中规定了银行结算纪律，包括（　　）。
A. 不准出租、出借银行账户　　　　　B. 不准签发空头支票或远期支票
C. 不准套取银行信用　　　　　　　　D. 不准异地转账结算

多项选择题 2（2分，难度系数 0.9）
中国人民银行发布的《支付结算办法》中规定了银行结算纪律，具体包括（　　）。
A. 不准签发没有资金保证的票据或远期支票，套取银行信用
B. 不准签发、取得和转让没有真实交易和债权债务的票据，套取银行和他人资金
C. 不准无理拒绝付款，任意占用他人资金
D. 不准违反规定开立和使用账户

多项选择题 3（2 分，难度系数 0.9）

银行结算原则包括（　　）。

A. 恪守信用，履约付款　　　　　　　B. 谁的钱入谁的账，由谁支配

C. 银行不垫款　　　　　　　　　　　D. 不准利用多头开户转移资金

多项选择题 4（2 分，难度系数 0.9）

下列各项属于《支付结算办法》规定的单位和个人必须遵守的结算纪律的是（　　）。

A. 不准套取银行信用　　　　　　　　B. 不准以任何理由压票

C. 不准无理拒付　　　　　　　　　　D. 不准拒绝受理

多项选择题 5（2 分，难度系数 0.9）

下列各项属于《支付结算办法》规定的银行必须遵守的结算纪律的是（　　）。

A. 不准违章承兑、贴现商业汇票

B. 不准利用多头开户转移资金

C. 不准违反规定开立账户

D. 不准在结算制度之外规定附加条件

判断题 1（1 分，难度系数 0.75）

结算凭证金额以中文大写和阿拉伯数码同时记载，二者必须一致，二者不一致的，银行不予受理。（　　）

判断题 2（1 分，难度系数 0.75）

办理支付结算时，单位和银行的名称应当记载全称或者规范化简称。（　　）

判断题 3（1 分，难度系数 0.75）

根据结算制度规定，收、付双方实现商品交易或完成劳务服务后，主债权人有权决定应收款项进入谁的账户，但其合法收款人有权干涉。（　　）

判断题 4（1 分，难度系数 0.75）

当收款单位委托银行代收款项时，款项尚未收妥之前不可提前运用。（　　）

判断题 5（1 分，难度系数 0.75）

不准利用多头开户转移资金、逃避债务属于银行应遵守的结算纪律。（　　）

判断题 6（1 分，难度系数 0.75）

不准以任何理由压票、任意退票属于单位和个人应遵守的结算纪律。（　　）

4.1.2　银行结算原则、结算纪律

单项选择题 1（1 分，难度系数 0.75）

下列各项属于单位和个人应遵守的结算纪律是（　　）。

A. 不准任意退票　　　　　　　　　　C. 不准签发空头支票

B. 不准违反规定开立账户　　　　　　D. 不准违章承兑

单项选择题 2（1 分，难度系数 0.75）

下列各项属于银行应遵守的结算纪律的是（　　）。

A. 不准放弃对企业单位违反结算纪律的制裁　C. 不准签发空头支票

B. 不准任意占用卖方资金　　　　　　D. 不准利用多头开户转移资金

多项选择题 1（2 分，难度系数 0.9）
出纳人员不得办理的业务有（　　）。
A. 现金收付　　　　　　　　　　　　B. 登记银行存款日记账
C. 登记总账　　　　　　　　　　　　D. 登记固定资产明细账

多项选择题 2（2 分，难度系数 0.9）
货币资金的管理和控制，应当遵循的原则包括（　　）。
A. 严格职责分工　　　　　　　　　　B. 实行交易分开
C. 实施内部稽核　　　　　　　　　　D. 实施定期轮岗制度

多项选择题 3（2 分，难度系数 0.9）
货币资金的内部控制制度有（　　）。
A. 钱账分管制度　　　　　　　　　　B. 授权批准制度
C. 票据与印章管理制度　　　　　　　D. 内部稽核制度

判断题 1（1 分，难度系数 0.75）
付款人账户内资金不足的，银行应当为付款人垫付资金。　　　　　（　　）

判断题 2（1 分，难度系数 0.75）
对于单位和个人，时常出现签发空头支票和远期支票的情况。　　　（　　）

判断题 3（1 分，难度系数 0.75）
对于结算银行，经常出现的违反结算纪律的行为主要是利用多头开户转移资金、逃避债务等。　　　　　　　　　　　　　　　　　　　　　　　　　　　（　　）

4.2　银行结算方式

4.2.1　转账支票结算方式

单项选择题 1（1 分，难度系数 0.75）
支票的提示付款期限自出票日起（　　），但中国人民银行另有规定的除外。
A. 3 天　　　　　B. 5 天　　　　　C. 10 天　　　　　D. 15 天

单项选择题 2（1 分，难度系数 0.75）
普通支票可以用于（　　）。
A. 转账　　　　B. 支取现金　　　C. 支取现金或转账　　　D. 异地结算

单项选择题 3（1 分，难度系数 0.75）
现金支票可以用于（　　）。
A. 转账　　　　　　　　　　　　　　B. 支取现金
C. 异地结算　　　　　　　　　　　　D. 支取现金或转账

单项选择题 4（1 分，难度系数 0.75）
出票人签发支票的金额，超过付款时存款金额的支票称为（　　）。
A. 空白支票　　　B. 空头支票　　　C. 远期支票　　　D. 大额支票

单项选择题 5（1 分，难度系数 0.75）
在普通支票左上角划两条平行线的支票是（　　）。

A. 现金支票　　　　B. 划线支票　　　　C. 转账支票　　　　D. 普通支票

单项选择题 6（1 分，难度系数 0.75）

2019 年 10 月 20 日，在支票正联的出票日期栏应写为（　　）。

A. 2019 年 10 月 20 日　　　　　　　　B. 贰零壹玖年拾月贰拾日

C. 贰零壹玖年零拾月零贰拾日　　　　　D. 贰零壹玖年零壹拾月零贰拾日

单项选择题 7（1 分，难度系数 0.75）

2016 年 3 月 15 日，在支票正联的出票日期栏应写为（　　）。

A. 2016 年 3 月 15 日　　　　　　　　B. 贰零壹陆年零叁月拾伍日

C. 贰零壹陆年叁月壹拾伍日　　　　　　D. 贰零壹陆年零叁月零壹拾伍日

单项选择题 8（1 分，难度系数 0.75）

支票是（　　）签发的，委托办理支票存款业务的银行在见票时无条件支付确定的金额给收款人或者持票人的票据。

A. 出票人　　　　B. 出票银行　　　　C. 付款人　　　　D. 收款人

单项选择题 9（1 分，难度系数 0.75）

支票的使用范围包括（　　）。

A. 只限单位使用　　　　　　　　B. 只限个人使用

C. 单位和个人均能使用　　　　　D. 单位和个人均不能使用

多项选择题 1（2 分，难度系数 0.9）

支票分为（　　）。

A. 现金支票　　　　B. 转账支票　　　　C. 普通支票　　　　D. 划线支票

多项选择题 2（2 分，难度系数 0.9）

支票的正联应加盖（　　）。

A. 现金收讫章　　　　　　　　B. 财务专用章

C. 现金付讫章　　　　　　　　D. 企业法人印章

多项选择题 3（2 分，难度系数 0.9）

普通支票可以用于（　　），也可以用于（　　）。

A. 支取现金　　　　B. 汇款　　　　C. 兑付　　　　D. 转账

判断题 1（1 分，难度系数 0.75）

普通支票可以提取现金，也可以用于转账。　　　　　　　　　　　　　　（　　）

判断题 2（1 分，难度系数 0.75）

普通支票左上角划两条平行线的，只能用于转账，不得支取现金。　　　　（　　）

判断题 3（1 分，难度系数 0.75）

在填写票据出票日期时，"10 月 20 日"应写成"壹拾月零贰拾日"。　　　（　　）

判断题 4（1 分，难度系数 0.75）

如有背书情况，支票背面在被背书栏加盖被背书人印章。　　　　　　　　（　　）

判断题 5（1 分，难度系数 0.75）

转账支票既能用于转账，又能用于支取现金。　　　　　　　　　　　　　（　　）

判断题 6（1 分，难度系数 0.75）

现金支票只能用于支取现金。　　　　　　　　　　　　　　　　　　　　（　　）

判断题 7（1 分，难度系数 0.75）

支票的存根联和正联，日期都必须用大写。　　　　　　　　　　　　　　（　　）

判断题 8（1 分，难度系数 0.75）

如有背书情况，在转账支票被背书栏加盖被背书人印章。　　　　　　　（　　）

4.2.2　银行汇票结算业务

单项选择题 1（1 分，难度系数 0.75）

银行汇票是（　　）签发的、由其在见票时按实际结算金额无条件支付收款人或持票人的票据。

A. 付款人　　　　　B. 收款人　　　　　C. 出票银行　　　　　D. 持票人

单项选择题 2（1 分，难度系数 0.75）

银行汇票是出票银行签发的、由其在见票时按（　　）无条件支付收款人或持票人的票据。

A. 实际结算金额　　　　　　　　　　B. 票面金额

C. 确定金额　　　　　　　　　　　　D. 固定金额

单项选择题 3（1 分，难度系数 0.75）

银行汇票的提示付款期为自出票日起（　　）。

A. 1 个月　　　　　B. 2 个月　　　　　C. 3 个月　　　　　D. 6 个月

单项选择题 4（1 分，难度系数 0.75）

根据支付结算法律制度的规定，下列票据中，出票人为银行的是（　　）。

A. 银行汇票　　　　　　　　　　　　B. 现金支票

C. 银行承兑汇票　　　　　　　　　　D. 商业承兑汇票

单项选择题 5（1 分，难度系数 0.75）

根据支付结算法律制度的规定，下列关于票据付款人的表述中正确的是（　　）。

A. 支票的付款人是出票人

B. 商业承兑汇票的付款人是承兑人

C. 银行汇票的付款人是申请人

D. 银行承兑汇票的付款人是出票人

单项选择题 6（1 分，难度系数 0.75）

根据支付结算法律制度的规定，下列关于银行汇票出票金额和实际结算金额的表述中，正确的是（　　）。

A. 如果出票金额低于实际结算金额，银行应按出票金额办理结算

B. 如果出票金额低于实际结算金额，银行应按实际结算金额办理结算

C. 如果出票金额高于实际结算金额，银行应按出票金额办理结算

D. 如果出票金额高于实际结算金额，银行应按实际结算金额办理结算

单项选择题 7（1 分，难度系数 0.75）

银行汇票的使用范围包括（　　）。

A. 单位　　　　　　　　　　　　　　B. 个人

C. 单位和个人　　　　　　　　　　　D. 单位和个人均不可使用

单项选择题 8（1 分，难度系数 0.75）

持票人向银行提示付款时，必须同时提交银行汇票和（　　），缺少任何一联，银行不予受理。

A. 银行汇票申请书　　　　　　　　B. 解讫通知

C. 进账单　　　　　　　　　　　　D. 付款通知

多项选择题 1（2 分，难度系数 0.9）

下列关于银行汇票的表述中，正确的有（　　）。

A. 银行汇票的实际结算金额不得更改，且不得超过出票金额

B. 持票人向银行提示付款时，须同时提交银行汇票和解讫通知

C. 银行汇票的提示付款期限自出票日起 1 个月

D. 申请人或者收款人为单位的，可以申请使用现金银行汇票

多项选择题 2（2 分，难度系数 0.9）

签发银行汇票必须记载的事项有（　　）。

A. 标明"银行汇票"的字样　　　　B. 无条件支付的承诺

C. 出票金额　　　　　　　　　　　D. 付款人名称

多项选择题 3（2 分，难度系数 0.9）

签发银行汇票必须记载的事项有（　　）。

A. 收款人名称　　　　　　　　　　B. 出票日期

C. 出票人签章　　　　　　　　　　D. 付款人签章

多项选择题 4（2 分，难度系数 0.9）

银行汇票申请书出票人签章处应加盖（　　）。

A. 财务专用章　　　　　　　　　　B. 企业法人章

C. 现金收讫章　　　　　　　　　　D. 现金付讫章

判断题 1（1 分，难度系数 0.75）

银行汇票可以用于转账，也可以用于支取现金。　　　　　　　　　　　　（　　）

判断题 2（1 分，难度系数 0.75）

收款单位收到付款单位交来的银行汇票可以不送交银行办理转账结算，而是背书转让给另一单位用以购买材料。　　　　　　　　　　　　　　　　　　　　　　　　（　　）

判断题 3（1 分，难度系数 0.75）

银行汇票是由付款人签发的、由其在见票时支付确定金额给收款人或持票人的票据。　　　　　　　　　　　　　　　　　　　　　　　　　　　　　　　　　　　　（　　）

判断题 4（1 分，难度系数 0.75）

只有单位可以使用银行汇票的结算方式，个人不可使用。　　　　　　　　（　　）

判断题 5（1 分，难度系数 0.75）

单位和个人各种款项结算，均可使用银行汇票。　　　　　　　　　　　　（　　）

判断题 6（1 分，难度系数 0.75）

银行汇票只能用于转账，不能支取现金。　　　　　　　　　　　　　　　（　　）

判断题 7（1 分，难度系数 0.75）

签发银行汇票时，必须记载出票人签章。　　　　　　　　　　　　　　　（　　）

判断题 8（1 分，难度系数 0.75）
银行汇票申请书的申请日期必须大写。   （   ）

4.2.3 商业汇票结算业务

单项选择题 1（1 分，难度系数 0.75）
银行承兑汇票的承兑人是（   ）。
  A. 付款人   B. 付款人的开户银行
  C. 收款人   D. 收款人的开户银行

单项选择题 2（1 分，难度系数 0.75）
商业汇票的付款期由交易双方商定，但最长不能超过（   ）。
  A. 6 个月   B. 2 个月   C. 9 个月   D. 12 个月

单项选择题 3（1 分，难度系数 0.75）
采用银行承兑汇票结算的购货企业于汇票到期日未能足额交存票款，承兑银行对出票人尚未支付的汇票金额按照每天（   ）计收罚息。
  A. 千分之三   B. 千分之五   C. 万分之三   D. 万分之五

单项选择题 4（1 分，难度系数 0.75）
（   ）是收款人、付款人（或承兑申请人）签发，由承兑人承兑，并于到期日向收款人或被背书人支付款项的票据。
  A. 银行本票   B. 银行汇票   C. 支票   D. 商业汇票

单项选择题 5（1 分，难度系数 0.75）
根据支付结算法律制度的规定，下列票据中，付款人不是银行的是（   ）。
  A. 银行本票   B. 支票
  C. 银行汇票   D. 商业承兑汇票

单项选择题 6（1 分，难度系数 0.75）
（   ）是出票人签发的，委托付款人在指定日期无条件支付确定金额给收款人或者持票人的票据。
  A. 现金支票   B. 转账支票   C. 商业汇票   D. 银行汇票

单项选择题 7（1 分，难度系数 0.75）
商业汇票是出票人签发的，委托（   ）在指定日期无条件支付确定金额给收款人或者持票人的票据。
  A. 出票人   B. 付款人   C. 收款人   D. 持票人

单项选择题 8（1 分，难度系数 0.75）
商业汇票的提示付款期限，自汇票到期日起（   ）。
  A. 1 个月   B. 6 个月   C. 2 个月   D. 10 日

多项选择题 1（2 分，难度系数 0.9）
商业汇票按承兑人不同分为（   ）。
  A. 商业承兑汇票   B. 银行汇票
  C. 银行本票   D. 银行承兑汇票

多项选择题 2（2分，难度系数 0.9）
签发商业汇票的注意事项有（   ）。
A. 标明"商业承兑汇票"或"银行承兑汇票"的字样
B. 无条件支付的委托
C. 确定的金额
D. 付款人名称

多项选择题 3（2分，难度系数 0.9）
签发商业汇票的注意事项有（   ）。
A. 收款人名称　　　　　　　　　　　B. 出票日期
C. 出票人签章　　　　　　　　　　　D. 付款人签章

判断题 1（1分，难度系数 0.75）
商业承兑汇票是由付款人或收款人签发，并由开户银行承兑的商业汇票。（   ）

判断题 2（1分，难度系数 0.75）
商业承兑汇票的承兑人是购货企业的开户银行。（   ）

判断题 3（1分，难度系数 0.75）
付款人在商业承兑汇票到期日账户不足支付时，其开户银行应代为付款。（   ）

判断题 4（1分，难度系数 0.75）
银行承兑汇票由承兑银行签发。（   ）

判断题 5（1分，难度系数 0.75）
单位和个人均能使用商业汇票的结算方式。（   ）

判断题 6（1分，难度系数 0.75）
在银行开立存款账户的法人以及其他组织之间，具有真实的交易关系或债权债务关系，才能使用商业汇票。（   ）

判断题 7（1分，难度系数 0.75）
商业承兑汇票可以由付款人签发并承兑，也可以由收款人签发交由付款人承兑。（   ）

判断题 8（1分，难度系数 0.75）
商业汇票的付款期限，最长不得超过1年。（   ）

判断题 9（1分，难度系数 0.75）
商业承兑汇票由银行承兑，银行承兑汇票由银行以外的付款人承兑。（   ）

4.2.4　银行本票业务

单项选择题 1（1分，难度系数 0.75）
除中国人民银行另有规定外，银行本票的提示付款期限一般为自出票日起（   ）。
A. 1个月　　　　B. 10天　　　　C. 2个月　　　　D. 20天

单项选择题 2（1分，难度系数 0.75）
下列结算方式中，只能用于同城结算的是（   ）结算方式。
A. 银行本票　　　B. 托收承付　　　C. 汇兑　　　　D. 银行汇票

单项选择题 3（1分，难度系数 0.75）

根据支付结算法律制度的规定，下列关于票据提示付款期限的表述中，正确的是（　　）。

A. 支票的提示付款期限是自出票日起 1 个月

B. 银行汇票的提示付款期限是自出票日起 1 个月

C. 商业汇票的提示付款期限是自到期日起 1 个月

D. 银行本票的提示付款期限是自出票日起 1 个月

单项选择题 4（1分，难度系数 0.75）

（　　）是由银行签发的，承诺自己在见票时无条件支付确定金额给收款人或者持票人的票据。

A. 银行汇票　　　B. 支票　　　C. 银行本票　　　D. 商业汇票

单项选择题 5（1分，难度系数 0.75）

银行本票是由（　　）签发的，承诺自己在见票时无条件支付确定金额给收款人或者持票人的票据。

A. 付款人　　　B. 收款人　　　C. 承兑人　　　D. 银行

单项选择题 6（1分，难度系数 0.75）

银行本票的适用范围是（　　）。

A. 同城　　　　　　　　　　　　　B. 异地

C. 同城、异地均能使用　　　　　　D. 同城、异地均不能使用

多项选择题 1（2分，难度系数 0.9）

下列应由银行签发的票据有（　　）。

A. 支票　　　B. 银行汇票　　　C. 银行本票　　　D. 商业汇票

多项选择题 2（2分，难度系数 0.9）

按照结算办法规定可以背书转让的票据有（　　）。

A. 银行汇票　　　　　　　　　　　B. 银行本票

C. 现金支票　　　　　　　　　　　D. 商业承兑汇票

多项选择题 3（2分，难度系数 0.9）

根据票据法律制度的规定，下列票据中，允许个人使用的有（　　）。

A. 支票　　　B. 银行承兑汇票　　　C. 银行本票　　　D. 银行汇票

多项选择题 4（2分，难度系数 0.9）

银行本票可以用于（　　），注明"现金"字样的银行本票可以用于（　　）。

A. 兑付　　　B. 转账　　　C. 支取现金　　　D. 收款

多项选择题 5（2分，难度系数 0.9）

银行本票分为（　　）。

A. 定额本票　　　　　　　　　　　B. 银行承兑汇票

C. 商业承兑汇票　　　　　　　　　D. 不定额本票

多项选择题 6（2分，难度系数 0.9）

签发银行本票必须记载的事项有（　　）。

A. 标明"银行本票"的字样　　　　　B. 无条件支付的承诺

C. 确定的金额 D. 付款人签章

判断题1（1分，难度系数0.75）
同城或异地的商品交易、劳务供应均可采用银行本票结算方式进行结算。（　）

判断题2（1分，难度系数0.75）
单位和个人均可以使用银行本票。（　）

判断题3（1分，难度系数0.75）
银行本票只能用于转账，不能用于支取现金。（　）

判断题4（1分，难度系数0.75）
定额银行本票面额为1千元、5千元、1万元和5万元。（　）

判断题5（1分，难度系数0.75）
签发银行本票时必须有出票人的签章。（　）

4.2.5 汇兑

单项选择题1（1分，难度系数0.75）
（　）是汇款人委托银行将其款项支付给收款人的结算方式。
A. 委托收款　　　B. 托收承付　　　C. 汇兑　　　D. 商业汇票

单项选择题2（1分，难度系数0.75）
汇兑的适用范围包括（　）。
A. 只限单位使用　　　　　　　　B. 只限个人使用
C. 单位和个人均能使用　　　　　D. 单位和个人均不能使用

单项选择题3（1分，难度系数0.75）
下列事项中，不属于签发汇兑凭证必须记载的是（　）。
A. 汇款人名称　　　　　　　　B. 无条件支付的委托
C. 汇款人签章　　　　　　　　D. 收款人签章

单项选择题4（1分，难度系数0.75）
汇兑凭证记载的汇款人名称、收款人名称，其在银行开立存款账户的，必须记载其（　）。
A. 账号　　　B. 签章　　　C. 公司全称　　　D. 法人信息

多项选择题1（2分，难度系数0.9）
关于汇兑的下列表述中，符合法律制度规定的有（　）。
A. 单位和个人均可使用汇兑
B. 汇款人和收款人均为个人的，方可办理现金汇兑
C. 汇兑以收账通知为汇出银行受理汇款的依据
D. 汇兑以汇款回单为银行将款项确已收入收款人账户的凭据

多项选择题2（2分，难度系数0.9）
汇兑分为（　）。
A. 邮寄　　　B. 电报　　　C. 电汇　　　D. 信汇

多项选择题3（2分，难度系数0.9）
签发汇兑凭证必须记载的事项有（　）。

A. 无条件支付的委托　　　　　　　B. 确定的金额
C. 收款人名称　　　　　　　　　　D. 汇款人名称

多项选择题 4（2分，难度系数0.9）

签发汇兑凭证必须记载的事项有（　　）。

A. 汇入地点、汇入行名称　　　　　B. 汇出地点、汇出行名称
C. 委托日期　　　　　　　　　　　D. 汇款人签章

判断题 1（1分，难度系数0.75）

单位和个人的各种款项的结算，均可采用汇兑结算方式。　　　　　　（　　）

判断题 2（1分，难度系数0.75）

汇兑是收款人委托银行将其款项支付给汇款人的结算方式。　　　　　（　　）

判断题 3（1分，难度系数0.75）

签发汇兑凭证必须记载汇出地点、汇出行名称。　　　　　　　　　　（　　）

判断题 4（1分，难度系数0.75）

汇兑凭证记载的汇款人名称、收款人名称，其在银行开立存款账户的，必须记载其账号。　　　　　　　　　　　　　　　　　　　　　　　　　　　　（　　）

判断题 5（1分，难度系数0.75）

汇出银行受理汇款人签发的汇兑凭证，经审查无误后，应及时向汇入银行办理汇款，并向汇款人签发汇款回单。　　　　　　　　　　　　　　　　　　（　　）

4.2.6　委托收款结算业务

单项选择题 1（1分，难度系数0.75）

委托收款结算方式和托收承付结算方式，托收成立的标志是（　　）。

A. 发出商品　　　　　　　　　　　B. 向银行提交委托凭单、发票账单
C. 办妥托收手续　　　　　　　　　D. 付款人收到付款通知

单项选择题 2（1分，难度系数0.75）

（　　）是收款人委托银行向付款人收取款项的结算方式。

A. 商业汇票　　　B. 银行汇票　　　C. 银行本票　　　D. 委托收款

单项选择题 3（1分，难度系数0.75）

下列事项中，不属于签发委托收款凭证必须记载的是（　　）。

A. 确定的金额　　　　　　　　　　B. 付款人名称
C. 收款人签章　　　　　　　　　　D. 付款人签章

单项选择题 4（1分，难度系数0.75）

委托收款的适用范围是（　　）。

A. 只限同城使用　　　　　　　　　B. 只限异地使用
C. 同城、异地均能使用　　　　　　D. 同城、异地均不能使用

单项选择题 5（1分，难度系数0.75）

下列事项中，不属于签发委托收款凭证必须记载的是（　　）。

A. 表明"委托收款"的字样　　　　　B. 确定的金额
C. 付款人签章　　　　　　　　　　D. 收款人签章

多项选择题 1（2 分，难度系数 0.9）
下列银行支付结算方式中，可以用于同城结算的有（　　）。
A. 商业汇票　　　　B. 银行本票　　　　C. 委托收款　　　　D. 支票

多项选择题 2（2 分，难度系数 0.9）
单位和个人凭（　　）办理款项的结算，均可以使用委托收款结算方式。
A. 商业汇票　　　　B. 债券　　　　C. 付款人债务证明　　　　D. 支票

多项选择题 3（2 分，难度系数 0.9）
签发委托收款凭证，必须记载的事项有（　　）。
A. 表明"委托收款"的字样　　　　B. 确定的金额
C. 付款人名称　　　　D. 收款人名称

多项选择题 4（2 分，难度系数 0.9）
签发委托收款凭证，必须记载的事项有（　　）。
A. 委托收款凭据名称及附寄单证张数　　　　B. 委托日期
C. 收款人签章　　　　D. 付款人签章

多项选择题 5（2 分，难度系数 0.9）
委托收款结算款项的划回方式，分为（　　）和（　　）。
A. 电汇　　　　B. 信汇　　　　C. 邮寄　　　　D. 电报

判断题 1（1 分，难度系数 0.75）
采用委托收款结算方式下，如果付款单位提出拒付，付款单位开户银行应审查其拒付理由是否合理。　　　　　　　　　　　　　　　　　　　　　　（　　）

判断题 2（1 分，难度系数 0.75）
委托收款仅限同城范围内使用。　　　　　　　　　　　　　　　　（　　）

判断题 3（1 分，难度系数 0.75）
收款人办理委托收款应向银行提交委托收款凭证和有关的债务证明。（　　）

判断题 4（1 分，难度系数 0.75）
付款人审查有关债务证明后，对收款人委托收取的款项需要拒绝付款的，可以办理拒绝付款。　　　　　　　　　　　　　　　　　　　　　　　　　（　　）

判断题 5（1 分，难度系数 0.75）
付款人未在接到通知日的次日起 5 日内通知银行付款的，视同付款人同意付款。
（　　）

4.2.7　信用卡结算方式

单项选择题 1（1 分，难度系数 0.75）
（　　）是指商业银行向个人和单位发行的，凭以向特约单位购物、消费，或者向银行存取现金，且具有消费信用的特制载体卡片。
A. 信用卡　　　　B. 商业汇票　　　　C. 银行汇票　　　　D. 银行本票

单项选择题 2（1 分，难度系数 0.75）
信用卡存款应在（　　）科目核算。
A. 其他应收款　　　　B. 银行存款　　　　C. 其他货币资金　　　　D. 短期投资

单项选择题 3（1分，难度系数0.75）

下列属于企业单位信用卡可以办理的业务是（   ）。

A. 交存现金　　　　　　　　　　　　B. 10万元以上的商品交易

C. 支取现金　　　　　　　　　　　　D. 从基本存款账户划转存款

单项选择题 4（1分，难度系数0.75）

（   ）是指商业银行向企业、事业单位、学校、机关、团体、部队等单位发行的信用卡，其使用对象为单位。

A. 信用卡　　　　B. 个人卡　　　　C. 单位卡　　　　D. 银联卡

单项选择题 5（1分，难度系数0.75）

（   ）是指商业银行向具有完全民事行为能力、稳定合法收入、信用程度可靠的公民发行的信用卡，其使用对象是个人。

A. 信用卡　　　　B. 个人卡　　　　C. 单位卡　　　　D. 银联卡

单项选择题 6（1分，难度系数0.75）

信用卡适用于在（   ）的特约单位购物、消费和向银行存取现金，办理转账结算。

A. 同城　　　　　　　　　　　　　　B. 异地

C. 同城或异地　　　　　　　　　　　D. 同城、异地均不可使用

单项选择题 7（1分，难度系数0.75）

单位卡账户的资金一律从其（   ）转账存入，不得缴存现金，不得将销货收入的款项存入其账户。

A. 基本存款账户　　　　　　　　　　B. 一般存款账户

C. 临时存款账户　　　　　　　　　　D. 专用存款账户

多项选择题 1（2分，难度系数0.9）

信用卡按使用对象分为（   ）和（   ）。

A. 借记卡　　　　B. 贷记卡　　　　C. 单位卡　　　　D. 个人卡

多项选择题 2（2分，难度系数0.9）

信用卡按信誉等级分为（   ）和（   ）。

A. 金卡　　　　　B. 单位卡　　　　C. 个人卡　　　　D. 普通卡

多项选择题 3（2分，难度系数0.9）

单位卡可申领若干张，持卡人的资格由（   ）或（   ）书面指定和注销。

A. 单位法定代表人　　B. 总经理　　　C. 其他委托的代理人　　D. 公司高管

判断题 1（1分，难度系数0.75）

信用卡适用于同城或异地的特约单位购物、消费和向银行存取现金，办理转账结算。（   ）

判断题 2（1分，难度系数0.75）

凡在中国境内金融机构开立一般存款账户的单位均可申领单位卡。（   ）

判断题 3（1分，难度系数0.75）

使用信用卡结算，一般涉及三方当事人，即银行、持卡人和特约单位。（   ）

判断题 4（1分，难度系数0.75）

单位卡账户的资金一律从其一般存款账户转账存入，不得缴存现金，不得将销货收

入的款项存入其账户。   (   )

判断题 5（1 分，难度系数 0.75）

单位卡不得用于 10 万元以上的商品交易、劳务供应款项的结算，并一律不得支取现金。   (   )

4.2.8 托收承付结算方式

单项选择题 1（1 分，难度系数 0.75）

托收承付结算方式中，验单付款的承付期是（   ）。

A. 3 天   B. 5 天   C. 10 天   D. 15 天

单项选择题 2（1 分，难度系数 0.75）

下列支付结算方式中，需订有购销合同才能使用的结算方式是（   ）。

A. 银行汇票   B. 银行本票   C. 托收承付   D. 支票

单项选择题 3（1 分，难度系数 0.75）

下列关于托收承付结算方式使用要求的表述中，不正确的是（   ）。

A. 托收承付只能用于异地结算

B. 收付双方使用托收承付结算方式必须签有合法的购销合同

C. 收款人对同一付款人发货托收累计 3 次收不回货款的，收款人开户银行暂停收款人办理所有托收业务

D. 付款人累计 3 次提出无理拒付的，付款人开户银行应暂停其向外办理托收

单项选择题 4（1 分，难度系数 0.75）

根据支付结算法律制度的规定，下列结算方式中，仅适用于单位之间款项结算的是（   ）。

A. 电汇   B. 信汇   C. 委托收款   D. 托收承付

单项选择题 5（1 分，难度系数 0.75）

（   ）是根据购销合同由收款人发货后委托银行向异地付款人收取款项，由付款人向银行承认付款的结算方式。

A. 委托收款   B. 托收承付   C. 商业汇票   D. 银行汇票

单项选择题 6（1 分，难度系数 0.75）

托收承付结算方式中，验货付款的承付期是（   ）。

A. 3 天   B. 5 天   C. 10 天   D. 15 天

单项选择题 7（1 分，难度系数 0.75）

托收承付适用于（   ）各种符合条件的单位之间以经济合同为依据的商品交易及劳务供应等款项的结算。

A. 同城   B. 异地

C. 同城或异地   D. 同城、异地均不可使用

多项选择题 1（2 分，难度系数 0.9）

下列结算方式中，既适用于同城又适应于异地的有（   ）。

A. 银行汇票结算   B. 商业汇票结算

C. 委托收款结算   D. 托收承付结算

多项选择题 2（2 分，难度系数 0.9）
根据现行银行结算办法的规定，只适用于商品交易或者在商品交易的同时附带提供劳务情况的结算方式有（　　）。
A. 委托收款　　　　B. 汇兑　　　　C. 托收承付　　　　D. 商业汇票

多项选择题 3（2 分，难度系数 0.9）
托收承付结算程序包括（　　）和（　　）两个阶段。
A. 邮寄　　　　B. 电报　　　　C. 托收　　　　D. 承付

多项选择题 4（2 分，难度系数 0.9）
托收承付结算款项的划回方法，分为（　　）和（　　）两种。
A. 邮寄　　　　B. 电报　　　　C. 托收　　　　D. 承付

多项选择题 5（2 分，难度系数 0.9）
托收承付结算每笔金额起点为（　　），新华书店系统每笔金额起点为（　　）。
A. 10 000 元　　　　B. 20 000 元　　　　C. 1 000 元　　　　D. 5 000 元

判断题 1（1 分，难度系数 0.75）
委托收款和托收承付结算方式，都受结算金额起点的限制。　　　　　　　　（　　）

判断题 2（1 分，难度系数 0.75）
采用托收承付结算方式办理结算的款项必须是商品交易以及因商品交易而产生的劳务供应的款项，包括代销、寄销、赊销商品的款项。　　　　　　　　　　　　（　　）

判断题 3（1 分，难度系数 0.75）
托收承付结算方式对收款单位和付款单位都没有特别限制。　　　　　　　（　　）

判断题 4（1 分，难度系数 0.75）
代销、寄销、赊销商品的款项，不得办理托收承付结算。　　　　　　　　（　　）

判断题 5（1 分，难度系数 0.75）
托收承付适用于同城或异地各种符合条件的单位之间以经济合同为依据的商品交易及劳务供应等款项的结算。　　　　　　　　　　　　　　　　　　　　（　　）

判断题 6（1 分，难度系数 0.75）
国有企业、供销合作社等可使用托收承付结算方式。　　　　　　　　　　（　　）

判断题 7（1 分，难度系数 0.75）
办理托收承付结算的款项，必须是商品交易，以及因商品交易而产生的劳务供应的款项。　　　　　　　　　　　　　　　　　　　　　　　　　　　　　　（　　）

判断题 8（1 分，难度系数 0.75）
办理托收承付的收付双方必须签订合法的购销合同，并在合同上订明使用托收承付结算方式。　　　　　　　　　　　　　　　　　　　　　　　　　　　（　　）

4.2.9　网上银行结算方式

单项选择题 1（1 分，难度系数 0.75）
根据支付结算法律制度的规定，下列关于个人网上银行业务的表述中，不正确的是（　　）。
A. B2B 支付　　　　　　　　　　　　B. 查询银行卡的人民币余额

C. 查询信用卡网上支付记录 D. 网上购物电子支付

单项选择题 2（1 分，难度系数 0.75）
个人网上银行具体业务功能不包括（　　）。
A. 个人余额查询 B. 信用卡的购物明细查询
C. 网上支付 D. B2B 支付

多项选择题 1（2 分，难度系数 0.75）
网上银行的特点是（　　）。
A. 全面实现无纸化交易 B. 服务方便、快捷、高效、可靠
C. 经营成本低廉 D. 简单易用

多项选择题 2（2 分，难度系数 0.75）
与传统银行业务相比，网上银行业务有许多优势，体现在（　　）。
A. 大大降低银行经营成本，有效提高银行盈利能力
B. 无时空限制，有利于扩大客户群体
C. 有利于服务创新，向客户提供多种类、个性化服务
D. 不需设置物理的分支机构或营业网点，减少了人员费用

判断题 1（1 分，难度系数 0.75）
网上银行的业务品种包括基本业务、网上投资和网上购物。　　　　（　　）

4.3 银行存款典型业务账务处理

4.3.1 办理转账支票业务账务处理

单项选择题 1（1 分，难度系数 0.75）
某企业收到面额为 20 000 元的转账支票一张，系东方公司归还的前欠货款。企业已将支票和填制的进账单送到银行办理收款手续，此时应当编制的会计分录是（　　）。
A. 借：银行存款　20 000
　　　贷：应付账款　20 000
B. 借：应付账款　20 000
　　　贷：银行存款　20 000
C. 借：银行存款　20 000
　　　贷：应收账款　20 000
D. 借：应收账款　20 000
　　　贷：银行存款　20 000

单项选择题 2（1 分，难度系数 0.75）
某票据的出票日期为"2011 年 3 月 15 日"，其规范写法是（　　）。
A. 贰零壹壹年零叁月壹拾伍日 B. 贰零壹壹年叁月壹拾伍日
C. 贰零壹壹年零叁月拾伍日 D. 贰零壹壹年叁月拾伍日

单项选择题 3（1 分，难度系数 0.75）
某企业销售产品一批，货款共计 5 000 000 元，增值税 650 000 元，收到一张对方

公司开具的转账支票,已送存银行。应编制的会计分录是（　　）。

A. 借：应收账款　5 650 000
　　　贷：主营业务收入　5 000 000
　　　　　应交税费　　　　650 000

B. 借：银行存款　5 650 000
　　　贷：主营业务收入　5 000 000
　　　　　应交税费　　　　650 000

C. 借：应收账款　5 650 000
　　　贷：其他业务收入　5 000 000
　　　　　应交税费　　　　650 000

D. 借：银行存款　5 650 000
　　　贷：其他业务收入　5 000 000
　　　　　应交税费　　　　650 000

单项选择题 4（1分，难度系数0.75）

某企业采购材料一批，价款2 000 000元，增值税260 000元，开出转账支票一张支付上述价税款，应编制的会计分录是（　　）。

A. 借：原材料　2 000 000
　　　应交税费　260 000
　　　贷：应付账款　2 260 000

B. 借：库存商品　2 000 000
　　　应交税费　260 000
　　　贷：应付账款　2 260 000

C. 借：原材料　2 000 000
　　　应交税费　260 000
　　　贷：银行存款　2 260 000

D. 借：原材料　2 000 000
　　　应交税费　260 000
　　　贷：应付票据　2 260 000

单项选择题 5（1分，难度系数0.75）

开出转账支票一张，支付车间设备修理费1 600元，应编制的会计分录是（　　）。

A. 借：制造费用　1 600
　　　贷：银行存款　1 600

B. 借：生产成本　1 600
　　　贷：银行存款　1 600

C. 借：管理费用　1 600
　　　贷：银行存款　1 600

D. 借：销售费用　1 600
　　　贷：银行存款　1 600

单项选择题 6（1 分，难度系数 0.75）

将企业现金收入作为个人储蓄存入银行，属于（　　）。

A. 坐支　　　　　　B. 公款私存　　　　　C. 白条顶库　　　　　D. 套取现金

单项选择题 7（1 分，难度系数 0.75）

企业一般不得从本企业的现金收入中直接支付现金，因特殊情况需要坐支现金的，应当事先报经（　　）审查批准。

A. 工商行政管理部门　　　　　　　　　B. 上级主管部门

C. 财政部门　　　　　　　　　　　　　D. 开户银行

多项选择题 1（2 分，难度系数 0.75）

下列（　　）经济业务，应通过"银行存款"账户核算。

A. 收到银行汇票、银行本票存入银行

B. 使用银行汇票和银行本票存款办理款项结算

C. 收到、开出支票

D. 收回到期商业汇票票款

多项选择题 2（2 分，难度系数 0.75）

在（　　）科目中，借方登记增加数，贷方登记减少数，余额一般在借方。

A. 库存现金　　　　　　　　　　　　　B. 银行存款

C. 其他货币资金——外埠存款　　　　　D. 其他货币资金——信用卡存款

多项选择题 3（2 分，难度系数 0.75）

属于货币资金项目的有（　　）。

A. 库存现金　　　　　　　　　　　　　B. 银行存款

C. 其他货币资金　　　　　　　　　　　D. 被冻结的银行存款

多项选择题 4（2 分，难度系数 0.75）

既可转账，又可提现的结算方式有（　　）。

A. 现金支票　　　　B. 普通支票　　　　C. 银行汇票　　　　D. 转账支票

判断题 1（1 分，难度系数 0.75）

企业从银行提取现金，不会影响资产负债表中货币资金项目的变动。　　　（　　）

判断题 2（1 分，难度系数 0.75）

有了货币资金总分类核算，就可以不要其明细分类核算了。　　　　　　　（　　）

判断题 3（1 分，难度系数 0.75）

企业的各种存款都应通过"银行存款"科目进行核算。　　　　　　　　　 （　　）

判断题 4（1 分，难度系数 0.75）

为便于发放工资，企业可以在基本存款账户和一般存款账户支取现金。　 （　　）

判断题 5（1 分，难度系数 0.75）

普通支票可用于支取现金，但不能用于转账；转账支票则只能用于转账。 （　　）

判断题 6（1 分，难度系数 0.75）

基本存款账户主要用于存款人日常经营活动的资金收付及其工资、奖金和现金的支取。　　　　　　　　　　　　　　　　　　　　　　　　　　　　　　　（　　）

判断题 7（1分，难度系数0.75）

支付结算原则是：恪守信用，履约付款；谁的钱进谁的账，由谁支配；银行不垫款。（   ）

4.3.2 办理银行汇票业务

单项选择题 1（1分，难度系数0.75）

下列各选项中，不通过"其他货币资金"科目核算的是（   ）。

A. 信用卡存款　　　　　　　　　B. 备用金
C. 银行汇票存款　　　　　　　　D. 银行本票存款

单项选择题 2（1分，难度系数0.75）

下列项目中，不属于货币资金的是（   ）。

A. 库存现金　　　　　　　　　　B. 银行存款
C. 其他货币资金　　　　　　　　D. 应收账款

单项选择题 3（1分，难度系数0.75）

企业存放在银行的银行汇票存款，应通过（   ）账户核算。

A. 银行存款　　　　　　　　　　B. 其他货币资金
C. 在途货币资金　　　　　　　　D. 现金

单项选择题 4（1分，难度系数0.75）

不属于"其他货币资金"科目核算内容的项目是（   ）。

A. 信用证保证金存款　　　　　　B. 银行本票存款
C. 备用金　　　　　　　　　　　D. 银行汇票存款

单项选择题 5（1分，难度系数0.75）

企业将款项委托开户银行汇往采购地银行，开立采购专户时，应借记（   ）科目。

A. 银行存款　　　　　　　　　　B. 其他应收款
C. 材料采购　　　　　　　　　　D. 其他货币资金

单项选择题 6（1分，难度系数0.75）

企业到外地进行临时或零星采购时，汇往外地银行开立采购专户的款项是（   ）。

A. 外埠存款　　　　　　　　　　B. 银行汇票存款
C. 银行本票存款　　　　　　　　D. 信用证保证金存款

单项选择题 7（1分，难度系数0.75）

银行汇票的付款期为自出票日起（   ）。

A. 半年　　　　B. 一年　　　　C. 三个月　　　　D. 一个月

单项选择题 8（1分，难度系数0.75）

某企业销售材料一批，货款共计60 000元，增值税税额7 800元，收到对方开具的银行汇票，已送存银行。应编制的会计分录是（   ）。

A. 借：银行存款　　67 800
　　　贷：主营业务收入　60 000
　　　　　应交税费　　　　7 800

B. 借：其他货币资金　67 800
　　　贷：主营业务收入　60 000
　　　　　应交税费　　　7 800
C. 借：其他货币资金　67 800
　　　贷：其他业务收入　60 000
　　　　　应交税费　　　7 800
D. 借：银行存款　67 800
　　　贷：其他业务收入　60 000
　　　　　应交税费　　　7 800

单项选择题 9（1分，难度系数0.75）
某企业申请签发银行汇票一张，金额为4 680元。应编制的会计分录是（　　）。
A. 借：库存现金　4 680
　　　贷：银行存款　4 680
B. 借：其他货币资金　4 680
　　　贷：银行存款　4 680
C. 借：银行存款　4 680
　　　贷：应收账款　4 680
D. 借：银行存款　4 680
　　　贷：应收票据　4 680

单项选择题 10（1分，难度系数0.75）
某企业采购材料一批，价款2 000 000元，增值税260 000元，以银行汇票支付上述价税款，应编制的会计分录是（　　）。
A. 借：原材料　2 000 000
　　　应交税费　260 000
　　　贷：应付票据　2 260 000
B. 借：库存商品　2 000 000
　　　应交税费　260 000
　　　贷：银行存款　2 260 000
C. 借：原材料　2 000 000
　　　应交税费　260 000
　　　贷：银行存款　2 260 000
D. 借：原材料　2 000 000
　　　应交税费　260 000
　　　贷：其他货币资金　2 260 000

多项选择题 1（2分，难度系数0.9）
根据支付结算法律制度的规定，下列关于办理支付结算基本要求的表述中，正确的有（　　）。
A. 结算凭证的金额以中文大写和阿拉伯数字同时记载，二者必须一致
B. 票据上出票金额、收款人名称不得更改

C. 票据的出票日期可以使用阿拉伯数字记载
D. 票据上的签章为签名、盖章或者签名加盖章

多项选择题 2（2分，难度系数0.9）

为了详细反映和监督收入、支出和结存情况，"其他货币资金"科目应设置（　　）明细科目。

A. 外埠存款　　　　　　　　　　　B. 银行汇票存款
C. 信用卡存款　　　　　　　　　　D. 信用证保证金存款

多项选择题 3（2分，难度系数0.9）

下列各选项中，通过"其他货币资金"科目核算的是（　　）。

A. 银行汇票存款　　　　　　　　　B. 银行本票存款
C. 商业汇票　　　　　　　　　　　D. 汇兑

判断题 1（1分，难度系数0.7）

银行汇票通过"其他货币资金"账户核算。　　　　　　　　　　　　　（　　）

判断题 2（1分，难度系数0.7）

企业销售产品收到银行汇票，已向银行办理进账手续，应借记"其他货币资金"的增加。　　　　　　　　　　　　　　　　　　　　　　　　　　　（　　）

判断题 3（1分，难度系数0.7）

其他货币资金属于企业的一项非流动资产。　　　　　　　　　　　　（　　）

判断题 4（1分，难度系数0.7）

银行汇票可以用于转账，填明"现金"字样的银行汇票可以用于支取现金。（　　）

判断题 5（1分，难度系数0.7）

银行汇票在同城、异地范围内都能使用。　　　　　　　　　　　　　（　　）

4.3.3　委托收款业务账务处理

单项选择题 1（1分，难度系数0.75）

委托收款结算方式和托收承付结算方式，托收成立的标志是（　　）。

A. 发出商品　　　　　　　　　　　B. 向银行提交委托凭单、发票账单
C. 办妥托收手续　　　　　　　　　D. 付款人收到付款通知

单项选择题 2（1分，难度系数0.75）

某企业收到托收凭证的付款通知联，应支付前欠某公司货款50 000元。应编制的会计分录是（　　）。

A. 借：应付账款　50 000
　　　贷：银行存款　50 000
B. 借：应付票据　50 000
　　　贷：银行存款　50 000
C. 借：预付账款　50 000
　　　贷：银行存款　50 000
D. 借：预收账款　50 000
　　　贷：银行存款　50 000

单项选择题 3（1分，难度系数 0.75）

某企业销售产品一批，价款 200 000 元，增值税 26 000 元，已向银行办理托收手续，取得托收凭证的受理回单联。应编制的会计分录是（　　）。

A. 借：银行存款　　226 000
　　　　贷：主营业务收入　200 000
　　　　　　应交税费　　　　26 000

B. 借：应收账款　　226 000
　　　　贷：主营业务收入　200 000
　　　　　　应交税费　　　　26 000

C. 借：银行存款　　226 000
　　　　贷：其他业务收入　200 000
　　　　　　应交税费　　　　26 000

D. 借：应收账款　　226 000
　　　　贷：其他业务收入　200 000
　　　　　　应交税费　　　　26 000

单项选择题 4（1分，难度系数 0.75）

某企业销售产品一批，价款 200 000 元，增值税 26 000 元，已向银行办理托收手续，取得托收凭证的收账通知联。应编制的会计分录是（　　）。

A. 借：银行存款　　226 000
　　　　贷：主营业务收入　200 000
　　　　　　应交税费　　　　26 000

B. 借：应收账款　　226 000
　　　　贷：主营业务收入　200 000
　　　　　　应交税费　　　　26 000

C. 借：银行存款　　226 000
　　　　贷：其他业务收入　200 000
　　　　　　应交税费　　　　26 000

D. 借：应收账款　　226 000
　　　　贷：其他业务收入　200 000
　　　　　　应交税费　　　　26 000

多项选择题 1（2分，难度系数 0.9）

下列银行支付结算方式，可以用于同城结算的有（　　）。

A. 商业汇票　　　　B. 汇兑　　　　C. 委托收款　　　　D. 支票

多项选择题 2（2分，难度系数 0.9）

下列属于托收凭证联次的有（　　）。

A. 受理回单　　　　　　　　　　　　B. 贷方凭证
C. 收账通知　　　　　　　　　　　　D. 付款通知

多项选择题 3（2分，难度系数 0.9）

托收凭证的审核内容包括（　　）。

A. 委托日期 B. 收款人、付款人
C. 金额大小写是否一致 D. 是否盖有银行核算用章

判断题 1（1 分，难度系数 0.75）

采用委托收款结算方式下，如果付款单位提出拒付，付款单位开户银行应审查其拒付理由是否合理。（　）

判断题 2（1 分，难度系数 0.75）

委托收款结算，有邮寄划款和电报划款两种方式。（　）

判断题 3（1 分，难度系数 0.75）

托收凭证的第一联受理回单，是付款人开户银行给付款人按期付款的通知。（　）

判断题 4（1 分，难度系数 0.75）

托收凭证的第五联付款通知，是收款人开户银行给收款人的受理回单。（　）

4.3.4　汇兑业务账务处理

单项选择题 1（1 分，难度系数 0.75）

企业收到开户银行转来的光明公司银行信汇凭证收账通知联，系支付前欠货款 50 000 元。应编制的会计分录是（　　）。

A. 借：应付账款　50 000
　　贷：银行存款　50 000

B. 借：应付票据　50 000
　　贷：银行存款　50 000

C. 借：银行存款　50 000
　　贷：应收账款　50 000

D. 借：银行存款　50 000
　　贷：应收票据　50 000

单项选择题 2（1 分，难度系数 0.75）

企业开出电汇凭证，向某公司偿付前欠款 80 000 元，应编制的会计分录是（　　）。

A. 借：应付账款　80 000
　　贷：银行存款　80 000

B. 借：应付票据　80 000
　　贷：银行存款　80 000

C. 借：银行存款　80 000
　　贷：应收账款　80 000

D. 借：银行存款　80 000
　　贷：应收票据　80 000

多项选择题 1（2 分，难度系数 0.9）

汇兑结算方式分为（　　）。

A. 电汇　　　　B. 邮寄　　　　C. 电报　　　　D. 信汇

判断题 1（1 分，难度系数 0.75）

汇兑是汇款人委托银行将其款项支付给收款人的结算方式。（　）

判断题 2（1 分，难度系数 0.75）

汇兑结算方式没有起点限制，就汇款人来说，无论是否在银行开立账户，只要需要都可办理。（   ）

判断题 3（1 分，难度系数 0.75）

汇兑结算方式只限单位使用，个人不适用。（   ）

4.3.5　商业汇票业务账务处理

单项选择题 1（1 分，难度系数 0.75）

按照我国会计制度规定，下列票据中应作为应收票据核算的是（   ）。

A. 支票　　　　　　　　　　　　B. 银行本票
C. 商业汇票　　　　　　　　　　D. 银行汇票

单项选择题 2（1 分，难度系数 0.75）

企业支付的银行承兑汇票手续费应记入（   ）。

A. 管理费用　　　　　　　　　　B. 财务费用
C. 营业外支出　　　　　　　　　D. 其他业务支出

单项选择题 3（1 分，难度系数 0.75）

对逾期未获支付的商业承兑汇票，企业应作的账务处理是（   ）。

A. 借：应收账款
　　　贷：应收票据
B. 借：坏账准备
　　　贷：应收票据
C. 借：其他应收款
　　　贷：应收票据
D. 都不对

单项选择题 4（1 分，难度系数 0.75）

企业在资金暂时不足的情况下仍能使用的结算方式是（   ）。

A. 银行本票　　　　　　　　　　B. 银行汇票
C. 商业汇票　　　　　　　　　　D. 支票

单项选择题 5（1 分，难度系数 0.75）

企业销售产品收到的商业汇票，应借记（   ）科目。

A. 应收账款　　　　　　　　　　B. 其他货币资金
C. 银行存款　　　　　　　　　　D. 应收票据

单项选择题 6（1 分，难度系数 0.75）

企业采购材料，开出的商业承兑汇票，应贷记（   ）科目。

A. 应付账款　　　　　　　　　　B. 其他货币资金
C. 银行存款　　　　　　　　　　D. 应付票据

单项选择题 7（1 分，难度系数 0.75）

某企业销售产品一批，价款 200 000 元，增值税 26 000 元，收到对方公司开具的商业承兑汇票。应编制的会计分录是（   ）。

A. 借：银行存款　　226 000
　　　贷：主营业务收入　200 000
　　　　　应交税费　　　　26 000
B. 借：应收票据　　226 000
　　　贷：主营业务收入　200 000
　　　　　应交税费　　　　26 000
C. 借：其他货币资金　226 000
　　　贷：主营业务收入　200 000
　　　　　应交税费　　　　26 000
D. 借：应收票据　　226 000
　　　贷：其他业务收入　200 000
　　　　　应交税费　　　　26 000

单项选择题 8（1分，难度系数 0.75）
在我国，企业收到的商业汇票应以（　　）入账。
A. 销货款　　　　　　　　　　　　B. 销货款加增值税销项税额
C. 票据面值　　　　　　　　　　　D. 票据面值加利息

单项选择题 9（1分，难度系数 0.75）
某企业签发并经银行承兑的期限 6 个月的不带息银行承兑汇票，票面金额为 100 万元。该票据到期时，企业应支付的金额为（　　）万元。
A. 100　　　　　B. 102　　　　　C. 104　　　　　D. 140

多项选择题 1（2分，难度系数 0.9）
商业汇票按其是否带有追索权可分为（　　）。
A. 带追索权的商业汇票　　　　　　B. 不带追索权的商业汇票
C. 带息票据　　　　　　　　　　　D. 不带息票据

多项选择题 2（2分，难度系数 0.9）
在商业汇票贴现中，其贴现所得涉及的因素有（　　）。
A. 票据面值　　　　　　　　　　　B. 票据到期值
C. 贴现率　　　　　　　　　　　　D. 贴现期

多项选择题 3（2分，难度系数 0.9）
（　　）因素影响带息商业汇票到期值大小。
A. 贴现利率　　　B. 票据期限　　　C. 票面利率　　　D. 票据面值

多项选择题 4（2分，难度系数 0.9）
记入"应收票据"科目贷方的有（　　）。
A. 收到商业汇票　　　　　　　　　B. 将未到期的商业汇票进行贴现
C. 将商业汇票进行背书转让　　　　D. 到期不能收回票据款

判断题 1（1分，难度系数 0.75）
企业如果急需资金，可以持银行汇票、支票向银行申请贴现。　　　　　　（　　）

判断题 2（1分，难度系数 0.75）
商业汇票的付款期限最长不得超过 1 个月。　　　　　　　　　　　　　（　　）

判断题 3（1分，难度系数 0.75）

1月31日签发并承兑的期限为1个月的商业汇票，其到期日为2月28日。（   ）

4.3.6 银行本票业务账务处理

单项选择题 1（1分，难度系数 0.75）
下列属于其他货币资金核算内容的是（   ）。
A. 库存人民币   B. 库存外币
C. 银行本票存款   D. 一般存款户存款

单项选择题 2（1分，难度系数 0.75）
下列不通过"其他货币资金"科目核算的是（   ）。
A. 银行汇票   B. 银行本票
C. 备用金   D. 外埠存款

单项选择题 3（1分，难度系数 0.75）
企业申请签发银行本票，应编制的会计分录是（   ）。
A. 借：库存现金
       贷：银行存款
B. 借：应付票据
       贷：银行存款
C. 借：其他货币资金
       贷：银行存款
D. 借：应付账款
       贷：银行存款

多项选择题 1（2分，难度系数 0.9）
下列项目中，应在"其他货币资金"账户中核算的有（   ）。
A. 存出投资款   B. 支票存款
C. 银行汇票存款   D. 银行本票存款

多项选择题 2（2分，难度系数 0.9）
企业下列存款中，应通过"其他货币资金"账户核算的有（   ）。
A. 银行本票存款   B. 信用证存款
C. 信用卡存款   D. 转账支票存款

多项选择题 3（2分，难度系数 0.9）
其他货币资金包括的内容有（   ）。
A. 银行汇票存款   B. 银行本票存款
C. 备用金   D. 商业汇票

判断题 1（1分，难度系数 0.75）
企业申请签发银行本票时，应通过"应付票据"科目核算。   （   ）

判断题 2（1分，难度系数 0.75）
企业购买的材料、商品等，以银行本票结算的，贷方通过"其他货币资金"科目核算。   （   ）

判断题 3（1 分，难度系数 0.75）

银行本票适用于单位和个人在同城范围内的商品交易和劳务供应以及其他款项的结算。（　　）

4.4　银行存款的清查

4.4.1　银行存款清查的方法

单项选择题 1（1 分，难度系数 0.75）

银行存款的清查方法是（　　）。

A. 账目核对法　　　　　　　　　　B. 实地盘点法
C. 发函询证法　　　　　　　　　　D. 技术推算法

单项选择题 2（1 分，难度系数 0.75）

银行存款的清查方法是将银行对账单与（　　）进行核对。

A. 现金日记账　　　　　　　　　　B. 现金总账
C. 银行存款日记账　　　　　　　　D. 银行存款总账

多项选择题 1（2 分，难度系数 0.75）

银行存款日记账的核对，是指银行存款日记账（　　）。

A. 与银行存款余额调节表的核对
B. 与银行存款收、付款凭证的核对
C. 与银行存款总账的核对
D. 与银行存款对账单的核对

多项选择题 2（2 分，难度系数 0.75）

银行存款的清查方法是将（　　）与（　　）进行核对。

A. 现金日记账　　　　　　　　　　B. 银行对账单
C. 银行存款日记账　　　　　　　　D. 银行存款总账

判断题 1（1 分，难度系数 0.75）

银行存款的清查方法是实地盘点法。（　　）

判断题 2（1 分，难度系数 0.75）

将银行存款日记账与银行对账单进行核对，属于账账核对。（　　）

判断题 3（1 分，难度系数 0.75）

已将银行存款日记账与银行对账单进行核对的，不需再与银行存款总账进行核对。
（　　）

4.4.2　未达账项

单项选择题 1（1 分，难度系数 0.75）

企业存入转账支票 4 000 元，银行尚未入账。属于未达账项中的（　　）。

A. 银行已收，企业未收　　　　　　B. 银行已付，企业未付

C. 企业已收，银行未收 　　　　　　D. 企业已付，银行未付

单项选择题 2（1分，难度系数 0.75）

企业开出转账支票 2 800 元，银行尚未记账。属于未达账项中的（　　）。

A. 银行已收，企业未收 　　　　　　B. 银行已付，企业未付
C. 企业已收，银行未收 　　　　　　D. 企业已付，银行未付

单项选择题 3（1分，难度系数 0.75）

电信公司委托银行代收企业应付通信费 1 600 元，银行已从企业存款中代付，由于企业尚未收到付款通知单，尚未入账。属于未达账项中的（　　）。

A. 银行已收，企业未收 　　　　　　B. 银行已付，企业未付
C. 企业已收，银行未收 　　　　　　D. 企业已付，银行未付

多项选择题 1（2分，难度系数 0.9）

在（　　）情况下，企业银行存款日记账余额会小于银行对账单余额。

A. 企业开出现金支票，对方还未到银行支取
B. 银行代企业交纳电话费，而企业尚未得到通知
C. 银行代收款项，企业未收到收款通知
D. 企业送存支票，银行未作收款记录

多项选择题 2（2分，难度系数 0.9）

属于未达账项的有（　　）。

A. 企业已收款入账，银行尚未收款入账
B. 企业已付款入账，银行尚未付款入账
C. 银行已收款入账，企业尚未收款入账
D. 银行已付款入账，企业尚未付款入账

判断题 1（1分，难度系数 0.75）

企业与银行核对银行存款账目时，对已发现的未达账项，应当编制银行存款余额调节表进行调节，并以银行存款余额调节表作为原始凭证进行相应的账务处理。（　　）

判断题 2（1分，难度系数 0.75）

因为可能有未达账项存在，所以，银行存款日记账余额不一定是企业银行存款的实有数，但银行存款对账单余额则表示企业银行存款的实有数。（　　）

4.4.3　编制银行存款余额调节表

单项选择题 1（1分，难度系数 0.75）

银行存款日记账由（　　）登记。

A. 会计负责人 　　　　　　　　　　B. 会计人员
C. 出纳人员 　　　　　　　　　　　D. 业务经办人员

单项选择题 2（1分，难度系数 0.75）

对于银行已经收款而企业尚未入账的未达账项，企业应作的处理是（　　）。

A. 以"银行存款"为原始记录将该业务入账
B. 根据"银行存款余额调节表"和"银行对账单"自制原始凭证入账
C. 在编制"银行存款余额调节表"的同时入账

D. 待有关结算凭证到达后入账

多项选择题 1（2 分，难度系数 0.9）

编制银行存款余额调节表时，银行存款日记账余额应加（　　），减（　　）之后计算得出调节后的存款余额。

A. 企业已收款入账，银行尚未收款入账
B. 企业已付款入账，银行尚未付款入账
C. 银行已收款入账，企业尚未收款入账
D. 银行已付款入账，企业尚未付款入账

多项选择题 2（2 分，难度系数 0.9）

编制银行存款余额调节表时，银行存款对账单余额应加（　　），减（　　）之后计算得出调节后的存款余额。

A. 企业已收款入账，银行尚未收款入账
B. 企业已付款入账，银行尚未付款入账
C. 银行已收款入账，企业尚未收款入账
D. 银行已付款入账，企业尚未付款入账

判断题 1（1 分，难度系数 0.75）

银行存款日记账余额与银行对账单的余额一般是不相等的。　　　　（　　）

判断题 2（1 分，难度系数 0.75）

银行余额调整后的存款余额，是企业当前可以动用的银行款项额。　（　　）

判断题 3（1 分，难度系数 0.75）

银行存款余额调节表是调整企业银行存款账面余额的原始凭证。　　（　　）

判断题 4（1 分，难度系数 0.75）

对于银行已经入账而企业尚未入账的未达账项，企业应当根据"银行对账单"编制自制凭证予以入账。　　　　　　　　　　　　　　　　　　　（　　）

判断题 5（1 分，难度系数 0.75）

企业银行存款账面余额与银行对账单余额因未达账项存在差额时，应按照银行存款余额调节表调整银行存款日记账。　　　　　　　　　　　　　（　　）

4.5　银行存款业务实训

4.5.1　办理转账支票业务账务处理

1.2019 年 4 月 8 日，华盛实业股份有限公司签发转账支票，预付北京阿里山有限公司（开户行：中国银行北京海淀支行，账号：4563509048708095429）货款 100 000 元，请根据背景资料，填制转账支票。

项目四 银行存款业务

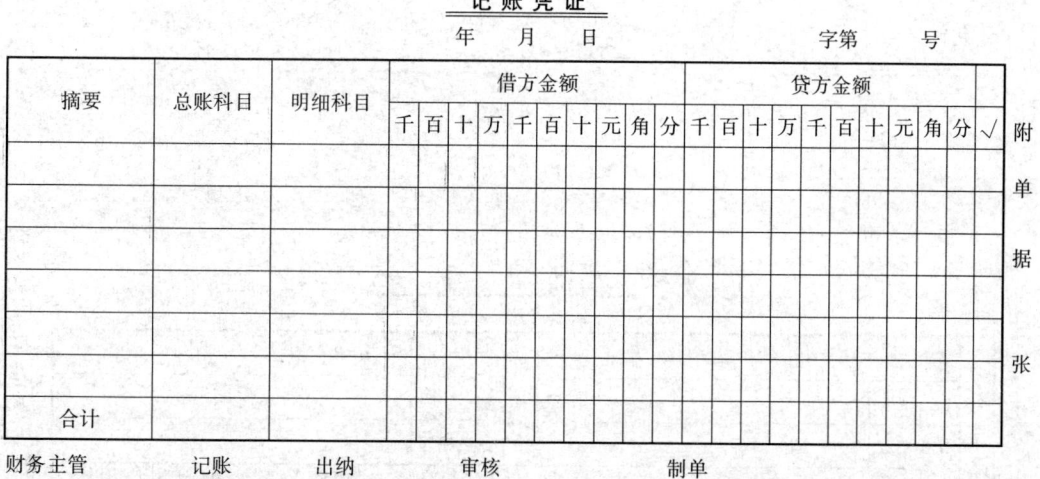

完成预付货款记账凭证（记5）。

记 账 凭 证

年　月　日　　　　　　　　　　字第　号

摘要	总账科目	明细科目	借方金额 千百十万千百十元角分	贷方金额 千百十万千百十元角分	√
					附
					单
					据
					张
合计					

财务主管　　　记账　　　出纳　　　审核　　　制单

2．2019年4月30日，收到北京智成软件有限公司签发的转账支票，根据背景资料，填制银行进账单并到开户行办理进账（记32）。

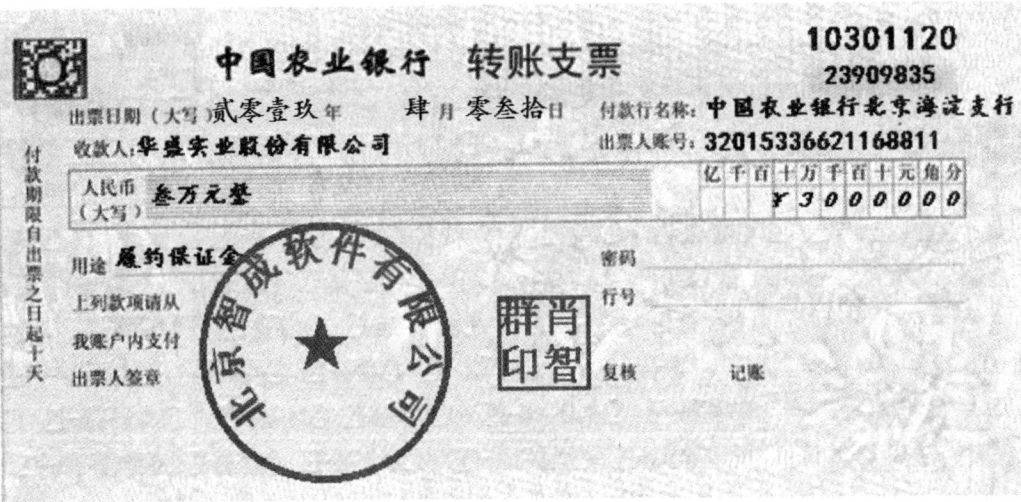

记 账 凭 证

年　月　日　　　　　　　　　字第　号

摘要	总账科目	明细科目	借方金额 千百十万千百十元角分	贷方金额 千百十万千百十元角分	√	附单据张
合计						

财务主管　　　　记账　　　　出纳　　　　审核　　　　制单

4.5.2 办理银行汇票业务

2019年4月20日，向北京永乐电器城购买笔记本电脑，货款以银行汇票结算，请根据背景资料填写汇票申请书，并完成申请签发银行汇票的记账凭证（付款方式：转账）（记22）。

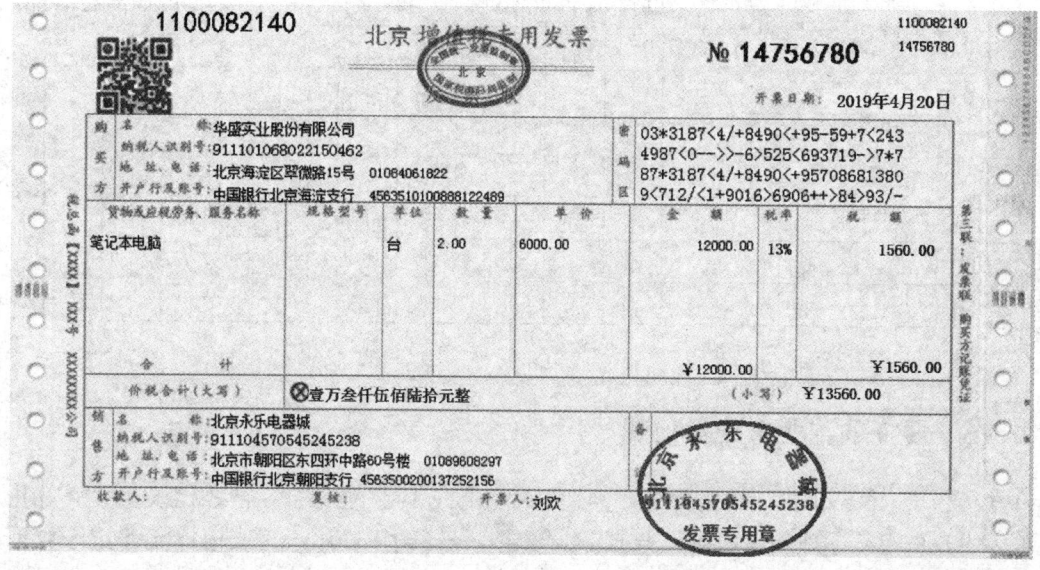

银行汇（本）票申请书

年　月　日　　　　　流水号：20195357

业务类型	□银行汇票	□银行本票	付款方式	□转账	□现金
公司名称			收款人		
账　号			账　号		
用　途			代理付款行		

金额（大写）人民币　　　亿千百十万千百十元角分

客户签章

会计主管　　　授权　　　复核　　　录入

第一联　银行记账凭证

记　账　凭　证

年　月　日　　　　　字第　号

摘要	总账科目	明细科目	借方金额									贷方金额									√
			千	百	十	万	千	百	十	元	角	分	千	百	十	万	千	百	十	元	角	分	
合计																							

财务主管　　　记账　　　出纳　　　审核　　　制单

4.5.3　委托收款业务账务处理

2019年4月27日，销售给上海天地集团有限公司风扇一批，商品已发出，凭发货单等向开户银行办理委托收款（邮划），合同编号：20191110。完成销售业务记账凭证（记30）。

北京增值税专用发票

No 60972894
1100082140
开票日期：2019年4月27日

购买方	名称：上海天地集团有限公司 纳税人识别号：913107279022355250 地址、电话：上海浦东新区上南路3327号 02181234559 开户行及账号：交通银行上海浦东新区分理处 622212731655542256701

货物或应税劳务、服务名称	规格型号	单位	数量	单价	金额	税率	税额
风扇	#101	台	3000	20.00	60000.00	13%	7800.00
合计					¥60000.00		¥7800.00

价税合计（大写）：陆万柒仟捌佰元整　（小写）¥67800.00

销售方	名称：华盛实业股份有限公司 纳税人识别号：911101068022150462 地址、电话：北京海淀区翠微路15号 01084061822 开户行及账号：中国银行北京海淀支行 4563510100888122489

收款人：　　复核：　　开票人：王光　　销售方：（章）

托收凭证（受理回单）　　1

委托日期　　年　月　日

业务类型：委托收款（□邮划、□电划）　托收承付（□邮划、□电划）

付款人	全称		收款人	全称	
	账号			账号	
	地址	省　市县　开户行		地址	省　市县　开户行

金额 人民币（大写）：　　亿千百十万千百十元角分

款项内容：　　托收凭据名称：　　附寄单证张数：

商品发运情况：　　合同名称号码：

备注：

复核　　记账　　　　　　　　年　月　日　　收款人开户银行签章　　年　月　日

记账凭证

年　月　日　　　字第　号

摘要	总账科目	明细科目	借方金额 千百十万千百十元角分	贷方金额 千百十万千百十元角分	√
合计					

财务主管　　记账　　出纳　　审核　　制单

4.5.4 汇兑业务账务处理

2019年5月22日，北京明发商贸有限公司根据合同预付货款给上海榕运商行，货款以普通电汇方式结算，根据背景资料填制电汇凭证并到银行办理。

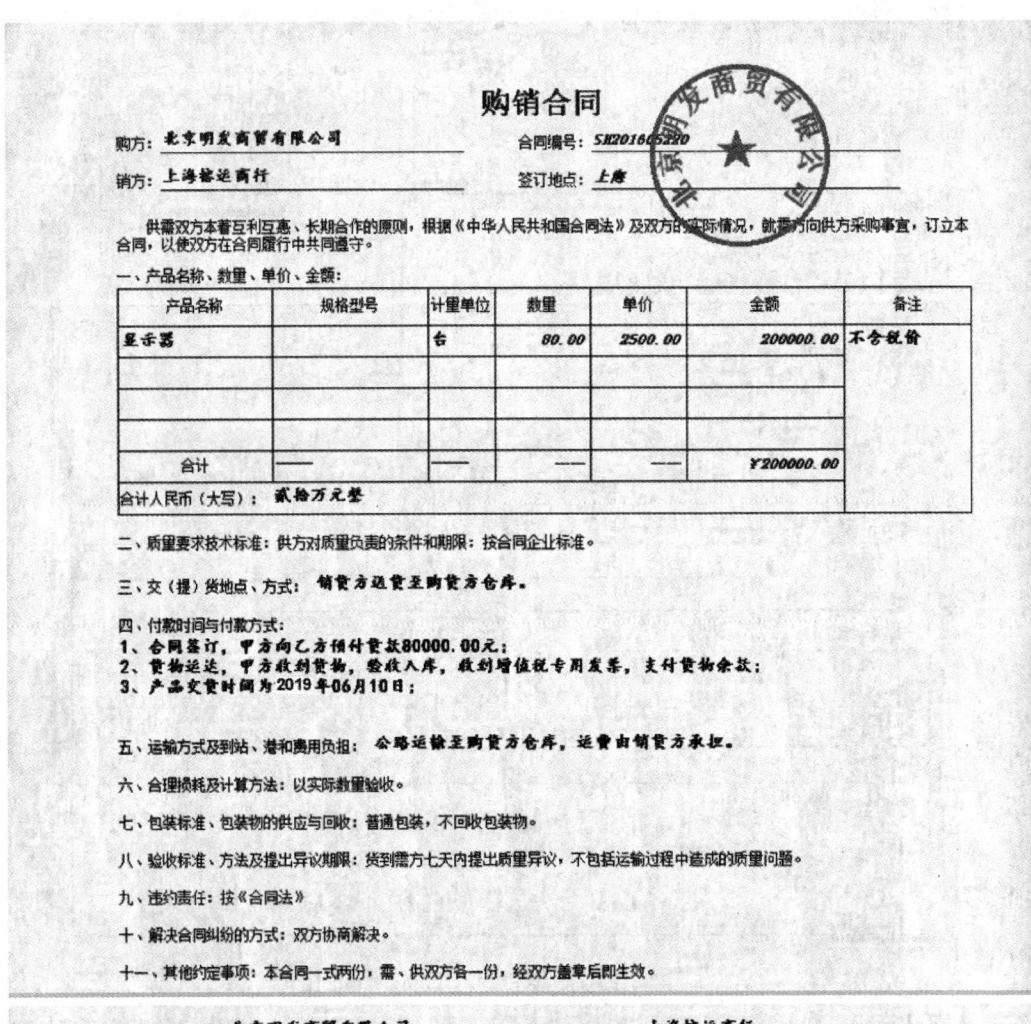

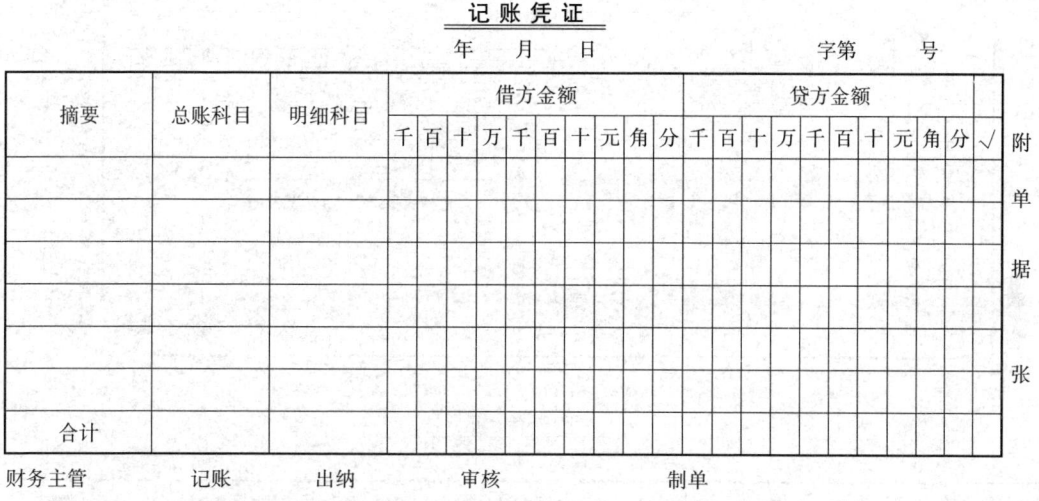

完成预付货款的记账凭证（记20）。

记 账 凭 证

年　　月　　日　　　　　　　字第　　号

摘要	总账科目	明细科目	借方金额 千百十万千百十元角分	贷方金额 千百十万千百十元角分	√
合计					

财务主管　　　　记账　　　　出纳　　　　审核　　　　制单

4.5.5 商业汇票业务账务处理

2019年4月23日，签发期限3个月商业承兑汇票用以支付涂料款项，填写商业汇票并完成采购业务记账凭证（交易合同号码：05008）（记25）。

北京增值税专用发票

1100082140
No 60972894
开票日期：2019年4月23日

购买方：
名称：华盛实业股份有限公司
纳税人识别号：911101068022150462
地址、电话：北京海淀区翠微路15号 01084061822
开户行及账号：中国银行北京海淀支行 4563510100888122489

密码区：
03*3187<4/+8490<+95-59+7<243
4987<0-->-6>525<693719>-7*7
87*3187<4/+8490<+95708681380
9<712/<1+9016>6906++>84>93/-

货物或应税劳务、服务名称	规格型号	单位	数量	单价	金额	税率	税额
涂料		千克	1000.00	200.00	200000.00	13%	26000.00
合计					¥200000.00		¥26000.00

价税合计（大写）：㊣ 贰拾贰万陆仟元整　（小写）¥226000.00

销售方：
名称：北京明发商贸有限公司
纳税人识别号：911102705905444590
地址、电话：北京西城区百庄西里12号，01084226259
开户行及账号：中国工商银行北京西城支行 9558801009012136441

收款人：　复核：　开票人：王光

（发票专用章：北京明发商贸有限公司 911102705905444590）

商业承兑汇票

10201160
39008591

出票日期　年　月　日（大写）

付款人	全称		收款人	全称	
	账号			账号	
	开户银行			开户银行	

出票金额：人民币（大写）　亿千百十万千百十元角分

汇票到期日（大写）　　付款人行号
交易合同号码　　开户行地址

本汇票已经承兑，到期无条件付款。　　本汇票请予以承兑于到期日付款。

承兑人签章　　　　　　　　　　　出票人签章
承兑日期　年　月　日

记 账 凭 证

年　月　日　　　　字第　号

摘要	总账科目	明细科目	借方金额 千百十万千百十元角分	贷方金额 千百十万千百十元角分	√
合计					

财务主管　　记账　　出纳　　审核　　制单

附单据　张

4.5.6 银行本票业务账务处理

2019年4月2日，华盛实业股份有限公司向北京永乐电器城购买笔记本电脑，货款以银行本票结算，请根据背景资料填写本票申请书（付款方式：转账）。

完成申请签发银行本票记账凭证（记1）。

记 账 凭 证

　　　　　　　　　　　　　年　　月　　日　　　　　　　　　字第　　号

摘要	总账科目	明细科目	借方金额										贷方金额										√	附单据张
			千	百	十	万	千	百	十	元	角	分	千	百	十	万	千	百	十	元	角	分		
合计																								

财务主管　　　　记账　　　　出纳　　　　审核　　　　制单

4.5.7 微信收支业务账务处理

1.2019年9月3日，上海天地集团有限公司向华盛实业股份有限公司购买风扇，价税款以微信支付，风扇尚未验收入库。

项目四 银行存款业务

账单详情

华盛实业
—56 500.00

当前状态	支付成功
商品	#101 风扇
商户全称	华盛实业股份有限公司
支付时间	2019年09月03日14时57分
支付方式	交通银行（6701）
交易单号	420000027520190410111405976
商户单号	20190410120944898204 76136006

发起群收款

在此商户的交易账单

联系商户

评价 未评价

对订单有疑惑

完成购买风扇的会计分录（记5）。

记 账 凭 证

年　月　日　　　　　　　字第　号

摘要	总账科目	明细科目	借方金额									贷方金额									√
			千	百	十	万	千	百	十	元	角	分	千	百	十	万	千	百	十	元	角	分	附单据张
合计																						

财务主管　　　记账　　　出纳　　　审核　　　制单

2.2019年6月1日，华盛实业股份有限公司以微信支付招待费1 630元。

完成支付招待费的会计分录（记2）。

摘要	总账科目	明细科目	借方金额										贷方金额										√
			千	百	十	万	千	百	十	元	角	分	千	百	十	万	千	百	十	元	角	分	
合计																							

财务主管　　　记账　　　出纳　　　审核　　　制单

3. 2019 年 4 月 2 日，北京永乐电器城向华盛实业股份有限公司销售笔记本电脑，购货方以微信支付。

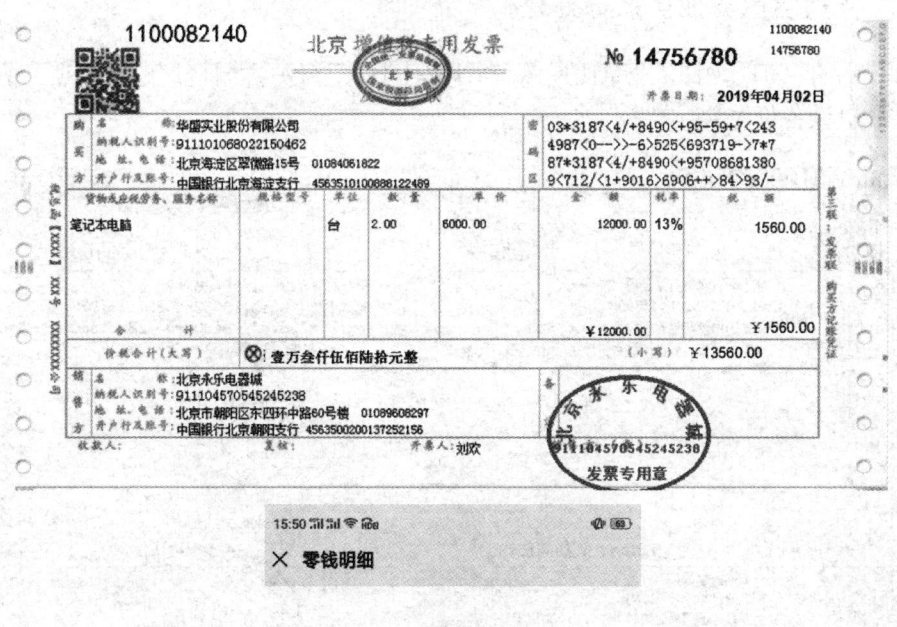

完成销售笔记本电脑的会计分录（记1）。

记 账 凭 证

年　月　日　　　　　　　　　字第　　号

摘要	总账科目	明细科目	借方金额									贷方金额									√附单据张
			千	百	十	万	千	百	十	元	角	分	千	百	十	万	千	百	十	元	角	分	
合计																							

财务主管　　　　记账　　　　出纳　　　　审核　　　　制单

4.5.8　支付宝收支业务账务处理

1. 2019年4月13日，北京明发商贸有限公司从上海沪鑫制造厂购买设备一台，以支付宝支付设备价税款。

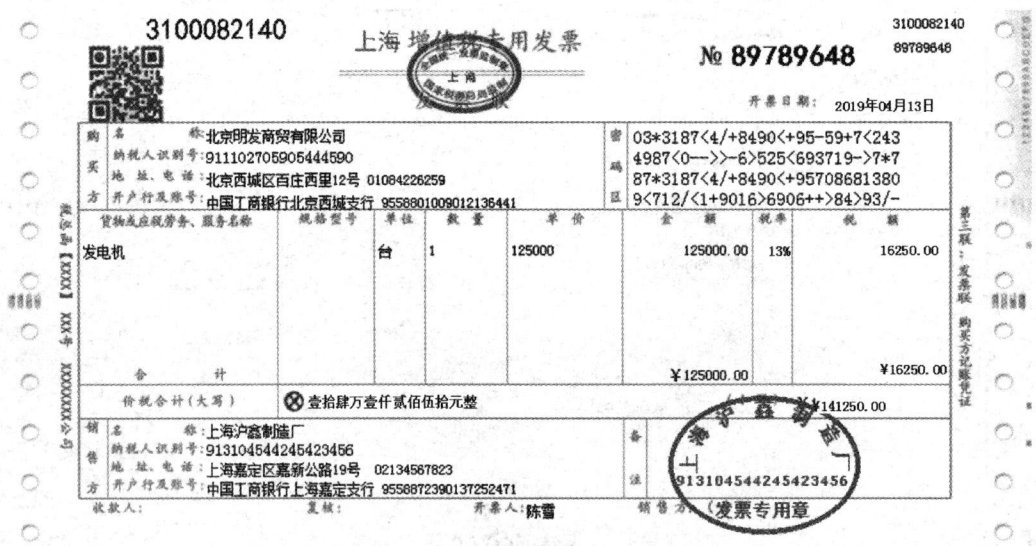

账单详情

上海沪鑫制造厂
-141 250.00
交易成功

付款方式	工商银行(6441)
积分奖励	7000积分
商品说明	沪鑫制造订单: 558354428646699002
创建时间	2019-04-13 20:14
订单号	20190520220014116710355227064
商家订单号	558354428646699002

账单分类

标签和备注   添加

查看往来记录

对此订单有疑问

投诉

完成购买设备的会计分录（记15）。

记 账 凭 证

年　　月　　日　　　　　　　字第　　号

摘要	总账科目	明细科目	借方金额										贷方金额										附单据张
			千	百	十	万	千	百	十	元	角	分	千	百	十	万	千	百	十	元	角	分	√
合计																							

财务主管　　　　记账　　　　出纳　　　　审核　　　　制单

2. 2019 年 4 月 28 日，北京新太阳集团有限公司向上海天地集团有限公司销售空调（新太阳集团作为产品核算），对方以支付宝结算款项。

完成销售空调的会计分录（记32）。

记账凭证

年　　月　　日　　　　　　　　　字第　　号

摘要	总账科目	明细科目	借方金额											贷方金额												√	附单据张
			千	百	十	万	千	百	十	元	角	分	千	百	十	万	千	百	十	元	角	分		
合计																								

财务主管　　　　记账　　　　出纳　　　　　审核　　　　　　制单

4.5.9　编制银行存款余额调节表

1.2019 年 6 月 30 日，北京阿里山有限公司收到银行的对账单，请你根据相关资料编制银行存款余额调节表。

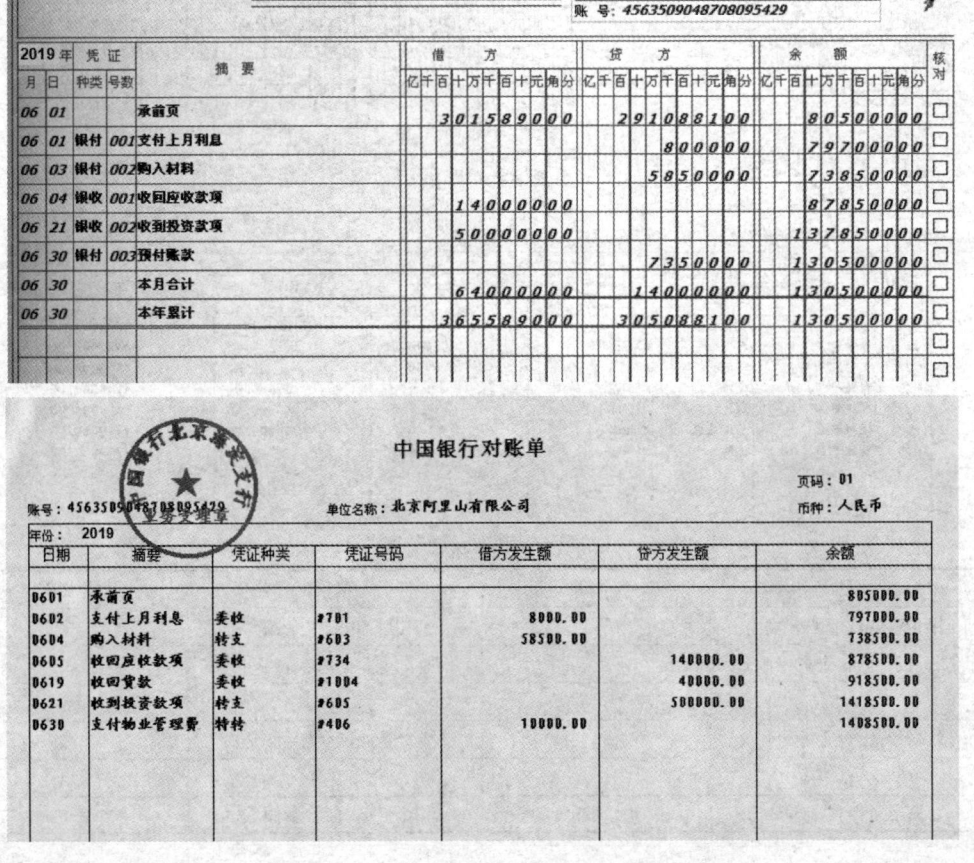

银行存款余额调节表

项目	金额	项目	金额
银行存款日记账余额		银行对账单余额	
加：银行已收企业未收		加：企业已收银行未收	
减：银行已付企业未付		减：企业已付银行未付	
调节后存款余额		调节后存款余额	

2. 2019 年 10 月 31 日，北京理想商贸有限公司收到银行的对账单，请你根据相关资料编制银行存款余额调节表。

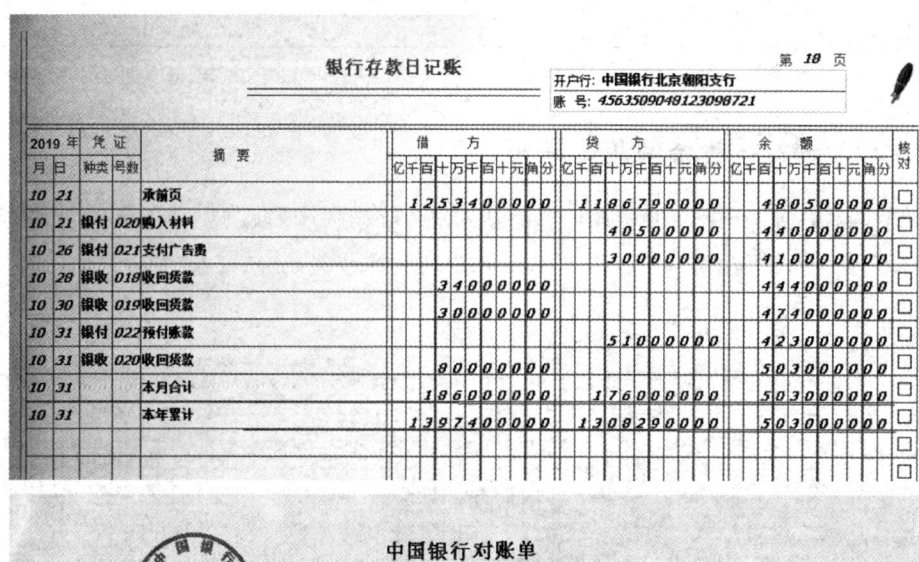

银行存款余额调节表

项目	金额	项目	金额
银行存款日记账余额		银行对账单余额	
加：银行已收企业未收		加：企业已收银行未收	
减：银行已付企业未付		减：企业已付银行未付	
调节后存款余额		调节后存款余额	

项目五　银行账户的开立与撤销

5.1　银行账户的开立

5.1.1　开户银行的选择

单项选择题 1（1 分，难度系数 0.75）
一个单位只能在一家金融机构开设一个（　　）。
A. 一般存款账户　　　　　　　　　B. 专用存款账户
C. 临时存款账户　　　　　　　　　D. 基本存款账户

单项选择题 2（1 分，难度系数 0.75）
中国人民银行应于（　　）个工作日内，对银行报送的核准类账户的开户资料的合规性予以审核，符合开户条件的，予以核准。
A. 1　　　　　B. 2　　　　　C. 3　　　　　D. 5

单项选择题 3（1 分，难度系数 0.6）
按照《银行账户管理办法》，企事业单位的存款账户可以分为（　　）类。
A. 2　　　　　B. 3　　　　　C. 4　　　　　D. 5

多项选择题 1（2 分，难度系数 0.9）
根据规定，银行账户一般分为（　　）等几种。
A. 基本存款账户　　　　　　　　　B. 一般存款账户
C. 临时存款账户　　　　　　　　　D. 专用存款账户

多项选择题 2（2 分，难度系数 0.8）
下列哪些做法违反《银行结算办法》的规定（　　）。
A. 出租银行账号　　　　　　　　　B. 出借银行账号
C. 签发空头支票和远期支票　　　　D. 套取银行信用

多项选择题 3（2 分，难度系数 0.8）
下列说法正确的是（　　）。
A. 银行存款账户分为 3 种
B. 一个企业只能开立一个基本存款账户
C. 一般存款账户不得办理库存现金支取
D. 开立一般存款账户实行开户许可证制度

多项选择题 4（2 分，难度系数 0.8）
关于银行存款账户，下列说法正确的是（　　）。
A. 基本存款账户可以办理日常结算和库存现金收付，如工资、奖金的提取

B. 一般存款账户可以办理转账结算和存入库存现金，也可以支取库存现金

C. 专用存款账户是由特定用途开立的账户，如基本建设专项资金、农副产品资金等

D. 临时存款账户是异地采购开立的临时采购账户

判断题 1（1分，难度系数 0.75）

存款人办理开户申请时，出具的营业执照、证书批文等必须是正本。　　（　　）

判断题 2（1分，难度系数 0.75）

存款人可以自主选择银行，银行也可以自愿选择存款人开立账户。　　（　　）

判断题 3（1分，难度系数 0.75）

若企业更换银行预留印鉴，则在更换印鉴前签发的支票无效。　　（　　）

判断题 4（1分，难度系数 0.6）

任何单位和个人不得将单位的资金以个人名义开立账户存储。　　（　　）

5.1.2　企业基本存款账户的开立

单项选择题 1（1分，难度系数 0.75）

按照国家《银行账户管理办法》规定，企业的工资、奖金、津贴等的支取，只能通过（　　）办理。

A. 基本存款账户　　　　　　　　　B. 一般存款账户

C. 临时存款账户　　　　　　　　　D. 专用存款账户

单项选择题 2（1分，难度系数 0.75）

单位信用卡账户的资金一律从其（　　）转入。

A. 基本存款账户　　　　　　　　　B. 一般存款账户

C. 临时存款账户　　　　　　　　　D. 专用存款账户

单项选择题 3（1分，难度系数 0.75）

下列存款人中，可以申请开立基本存款账户的有（　　）。

A. 甲公司　　　　　　　　　　　　B. 丙会计师事务所

C. 乙大学　　　　　　　　　　　　D. 丁个体工商户

单项选择题 4（1分，难度系数 0.75）

存款人因办理日常转账和现金收付，可以在银行开立（　　）。

A. 一般存款账户　　　　　　　　　B. 专用存款账户

C. 临时存款账户　　　　　　　　　D. 基本存款账户

单项选择题 5（1分，难度系数 0.75）

存款人在银行开立（　　），实行由中国人民银行当地分支机构核发开户许可证制度。

A. 一般存款账户　　　　　　　　　B. 专用存款账户

C. 临时存款账户　　　　　　　　　D. 基本存款账户

多项选择题 1（2分，难度系数 0.8）

出纳员在办理银行账户开户业务时应选择填写的单据有（　　）。

A. 印鉴卡　　　　　　　　　　　　B. 开立单位银行结算账户申请书

C. 撤销单位银行结算账户申请书　　　D. 变更单位银行结算账户申请书

多项选择题 2（2 分，难度系数 0.9）
《银行账户管理办法》规定，下列哪些存款人可以申请开立基本存款账户（　　）？
A. 单位法人　　B. 自然人　　C. 社会团体　　D. 个体经营户

判断题 1（1 分，难度系数 0.75）
每个企业只能在银行开立一个基本存款账户，企业的工资、奖金等现金的支取只能通过该账户办理。　　　　　　　　　　　　　　　　　　　　　　　　　　（　　）

判断题 2（1 分，难度系数 0.75）
基本存款账户的存款人可以通过本账户办理转账结算和现金缴存，但不能办理现金支取。　　　　　　　　　　　　　　　　　　　　　　　　　　　　　　　（　　）

判断题 3（1 分，难度系数 0.5）
每个公司一般允许开设 2 个基本存款账户。　　　　　　　　　　　　　（　　）

判断题 4（1 分，难度系数 0.5）
存款人可以多头开立基本存款账户。　　　　　　　　　　　　　　　　（　　）

判断题 5（1 分，难度系数 0.75）
企业开设基本存款账户，不需要向开户银行出具营业执照。　　　　　　（　　）

判断题 6（1 分，难度系数 0.75）
为了便于结算，一个单位可以同时在几家金融机构分别各开立一个基本存款账户。
　　　　　　　　　　　　　　　　　　　　　　　　　　　　　　　　（　　）

5.1.3　一般存款账户的开立

单项选择题 1（1 分，难度系数 0.75）
根据支付结算法律制度的规定，关于一般存款账户表述正确的是（　　）。
A. 须经中国人民银行核准
B. 可以支取现金
C. 可以办理借款转存和借款归还
D. 可以和基本存款账户的同一银行办理开户

单项选择题 2（1 分，难度系数 0.75）
根据支付结算法律制度的规定，下列各项中，属于存款人在开立一般存款账户之前必须开立的账户是（　　）。
A. 基本存款账户　　　　　　　　　B. 单位银行卡账户
C. 专用存款账户　　　　　　　　　D. 临时存款账户

单项选择题 3（1 分，难度系数 0.75）
一般存款账户不能办理的业务是（　　）。
A. 借款转存　　B. 借款归还　　C. 现金缴存　　D. 现金支取

单项选择题 4（1 分，难度系数 0.75）
（　　）账户不得办理库存现金支取。
A. 基本存款　　B. 一般存款　　C. 临时存款　　D. 专用存款

判断题 1（1 分，难度系数 0.75）

一般存款账户只能办理转账，不能提取现金。　　　　　　　　　　　　（　　）

判断题 2（1 分，难度系数 0.75）

一般存款账户是指存款人办理日常转账结算和现金收付的账户。　　　　（　　）

判断题 3（1 分，难度系数 0.75）

存款人可以通过一般存款账户办理现金支取。　　　　　　　　　　　　（　　）

5.1.4　专用存款账户的开立

单项选择题 1（1 分，难度系数 0.75）

甲地为完成棚户区改造工程，成立了 W 片区拆迁工程指挥部。为发放拆迁户安置资金，该指挥部向银行申请开立的存款账户的种类是（　　）。

A. 基本存款账户　　　　　　　　　B. 临时存款账户

C. 一般存款账户　　　　　　　　　D. 专用存款账户

单项选择题 2（1 分，难度系数 0.75）

用于办理各项专用资金收付的账户是（　　）。

A. 基本存款账户　　　　　　　　　B. 临时存款账户

C. 一般存款账户　　　　　　　　　D. 专用存款账户

多项选择题 1（2 分，难度系数 0.9）

申请开立专用存款账户需向银行提供的材料有（　　）。

A. 开立基本账户需提供的材料

B. 基本存款账户开立许可证

C. 专项资金管理的批文或证明文件

D. 因贷款需要而开立的，应出具借款合同

多项选择题 2（2 分，难度系数 0.9）

申请开立专用存款账户的资金范围包括（　　）。

A. 基本建设资金　　　　　　　　　B. 更新改造资金

C. 发放工资资金　　　　　　　　　D. 需要专户管理的资金

判断题 1（1 分，难度系数 0.75）

存款人用于基本建设的资金，可以向其开户银行出具相应的证明，并开立临时存款账户。　　　　　　　　　　　　　　　　　　　　　　　　　　　　　　（　　）

判断题 2（1 分，难度系数 0.75）

存款人的工资、奖金等现金的支取，只能通过专用存款账户办理。　　　（　　）

5.1.5　临时存款账户的开立

单项选择题 1（1 分，难度系数 0.75）

（　　）是指存款人因临时经营活动需要而开立的账户。

A. 基本存款账户　　　　　　　　　B. 临时存款账户

C. 一般存款账户　　　　　　　　　D. 专用存款账户

单项选择题 2（1 分，难度系数 0.75）

下列各选项中，对基本存款账户和临时存款账户在管理上的区别，表述正确的是（   ）。

    A. 基本存款账户能支取现金而临时存款账户不能

    B. 基本存款账户不能向银行借款而临时存款账户可以

    C. 基本存款账户没有开设数量的限制而临时存款账户有

    D. 基本存款账户没有时间限制而临时存款账户实行有效期管理

多项选择题 1（2 分，难度系数 0.8）

单位存款人可以申请开立临时存款账户的情况包括（   ）。

    A. 临时存款   B. 设立临时机构

    C. 异地临时经营活动   D. 注册验资

判断题 1（1 分，难度系数 0.75）

银行存款的临时存款账户可办理转账结算和现金收付，所以，临时存款账户可用于提款发放工资。（   ）

判断题 2（1 分，难度系数 0.75）

存款人可通过临时存款账户办理转账结算和现金收付业务。（   ）

判断题 3（1 分，难度系数 0.75）

外地临时机构申请开立临时存款账户，需出具当地工商行政管理机关核发的临时执照。（   ）

5.2 银行基本存款账户的撤销

5.2.1 了解企业撤销银行基本存款账户的原因

单项选择题 1（1 分，难度系数 0.75）

连续（   ）以上没有发生收付活动的账户，开户银行经过调查认为该账户无须继续保留即可通知开户单位来银行办理销户手续。

    A. 六个月   B. 一年   C. 两年   D. 三年

单项选择题 2（1 分，难度系数 0.75）

开户单位接到银行通知后（   ）内必须办理销户，逾期不办视为自动销户。

    A. 10 天   B. 15 天   C. 一个月   D. 三个月

单项选择题 3（1 分，难度系数 0.75）

由于撤销账户单位未交回空白凭证而产生的一切问题应由（   ）负责。

    A. 撤销单位   B. 开户银行

    C. 人民政府   D. 税务机关

判断题 1（1 分，难度系数 0.75）

企业能因各种原因撤销银行基本存款账户。（   ）

判断题 2（1 分，难度系数 0.75）

企业撤销基本存款账户，需先填制申请书。（   ）

判断题 3（1 分，难度系数 0.75）

银行账户的撤销是指开户单位因关、停、并、转等原因，向银行提出撤销账户的申请。（   ）

5.2.2　了解企业撤销银行基本存款账户的手续

单项选择题 1（1 分，难度系数 0.75）

对于符合销户条件的，开户银行应在（   ）个工作日内办理撤销。
A. 1　　　　　B. 2　　　　　C. 3　　　　　D. 5

单项选择题 2（1 分，难度系数 0.75）

撤销基本存款账户后，需要重新开立基本存款账户的，应在撤销其原账户后（   ）日内申请重新开立基本账户。
A. 3　　　　　B. 5　　　　　C. 10　　　　　D. 15

判断题 1（1 分，难度系数 0.75）

逾期未办理销户的，存款账户若有余额，自动退还开户人。（   ）

判断题 2（1 分，难度系数 0.75）

撤销账户时，空白凭证不需要退还银行注销。（   ）

判断题 3（1 分，难度系数 0.75）

由于撤销账户单位未交回空白凭证而产生的一切问题应由银行负责。（   ）

5.3　企业网上银行的开立

单项选择题 1（1 分，难度系数 0.75）

个人网上银行具体业务功能不包括（   ）。
A. 个人余额查询　　　　　B. 信用卡的购物明细查询
C. 网上支付　　　　　　　D. B2B 支付

单项选择题 2（1 分，难度系数 0.75）

电子支付是指电子交易的当事人，使用安全电子支付手段，通过（   ）进行的货币支付或资金流转。
A. 网络　　　B. 开户银行　　　C. 发卡银行　　　D. 中介银行

多项选择题 1（2 分，难度系数 0.9）

企业网上银行能提供的服务有（   ）。
A. 收款业务　　B. 付款业务　　C. 信用证业务　　D. 投资理财

多项选择题 2（2 分，难度系数 0.9）

企业开通网上银行需准备的申请材料有（   ）。
A. 网上银行企业客户注册申请表　　B. 企业或集团外常用账户信息表
C. 客户证书信息表　　　　　　　　D. 分支机构信息表

多项选择题 3（2 分，难度系数 0.9）

传统支票有以下特点（   ）。
A. 支付便捷　　　　　　　　B. 处理成本较高

C. 处理速度较慢　　　　　　　　　　D. 易于伪造

多项选择题 4（2分，难度系数0.9）

网上支付的目的在于（　　）。

A. 减少银行成本　　　　　　　　　　B. 加快处理速度

C. 方便客户　　　　　　　　　　　　D. 扩展业务

项目六 出纳员工作交接

6.1 出纳员工作交接的要求

6.1.1 明确出纳员工作交接重点内容

单项选择题 1（1分，难度系数0.75）
银行存款日记账由（　　）登记。
A. 会计负责人　　B. 会计人员　　C. 出纳员　　D. 业务经办人员

单项选择题 2（1分，难度系数0.75）
库存现金清查的方法是（　　）。
A. 实地盘点法　　B. 账目核对法　　C. 发函询证法　　D. 技术推算法

单项选择题 3（1分，难度系数0.75）
银行存款清查的方法是（　　）。
A. 实地盘点法　　B. 账目核对法　　C. 发函询证法　　D. 技术推算法

单项选择题 4（1分，难度系数0.75）
出纳员工作交接中出纳凭证的主要内容包括与现金、银行存款及其他货币资金有关的记账凭证和（　　）。
A. 原始凭证　　B. 票据　　C. 记账凭证　　D. 收款收据

单项选择题 5（1分，难度系数0.75）
出纳员工作交接中出纳凭证的主要内容包括与现金、银行存款及其他货币资金有关的原始凭证和（　　）。
A. 原始凭证　　B. 票据　　C. 记账凭证　　D. 收款收据

单项选择题 6（1分，难度系数0.75）
出纳员工作交接中出纳凭证的主要内容不包括与（　　）有关的原始凭证和记账凭证。
A. 现金　　B. 票据　　C. 银行存款　　D. 其他货币资金

单项选择题 7（1分，难度系数0.75）
出纳账簿的主要内容包括现金日记账和（　　）。
A. 应收账款明细账　　　　B. 现金总账
C. 银行存款日记账　　　　D. 其他货币资金明细账

单项选择题 8（1分，难度系数0.75）
出纳员工作交接中出纳账簿的主要内容包括银行存款日记账和（　　）。
A. 应收账款明细账　　　　B. 现金日记账
C. 银行存款日记账　　　　D. 其他货币资金明细账

单项选择题 9（1分，难度系数 0.75）

出纳员工作交接中出纳凭证的主要内容包括与（   ）、银行存款及其他货币资金有关的原始凭证和记账凭证。

A. 现金　　　　　B. 票据　　　　　C. 银行存款　　　D. 其他货币资金

单项选择题 10（1分，难度系数 0.75）

出纳员工作交接中出纳凭证的主要内容包括与现金、（   ）及其他货币资金有关的原始凭证和记账凭证。

A. 现金　　　　　B. 票据　　　　　C. 银行存款　　　D. 其他货币资金

单项选择题 11（1分，难度系数 0.75）

出纳员工作交接中出纳凭证的主要内容包括与现金、银行存款、（   ）有关的原始凭证和记账凭证。

A. 现金　　　　　B. 票据　　　　　C. 银行存款　　　D. 其他货币资金

单项选择题 12（1分，难度系数 0.75）

出纳员工作交接中现金主要包括库存的（   ）和外币。

A. 人民币　　　　B. 外币　　　　　C. 应收账款　　　D. 其他货币资金

单项选择题 13（1分，难度系数 0.75）

出纳员工作交接中现金主要包括库存的人民币和（   ）。

A. 人民币　　　　B. 其他货币资金　C. 应收账款　　　D. 外币

单项选择题 14（1分，难度系数 0.75）

出纳员工作交接中（   ）主要包括库存的人民币和外币。

A. 银行存款　　　B. 现金　　　　　C. 其他货币资金　D. 应收账款外币

单项选择题 15（1分，难度系数 0.75）

出纳员工作交接中支票主要包括（   ）和支票领用备查登记簿。

A. 现金支票　　　B. 空白支票　　　C. 转账支票　　　D. 普通支票

单项选择题 16（1分，难度系数 0.75）

出纳员工作交接中支票主要包括空白支票和（   ）。

A. 现金支票　　　　　　　　　　　B. 空白支票
C. 转账支票　　　　　　　　　　　D. 支票领用备查登记簿

单项选择题 17（1分，难度系数 0.75）

出纳员工作交接中（   ）主要包括空白支票和支票领用备查登记簿。

A. 现金支票　　　B. 空白支票　　　C. 转账支票　　　D. 支票

单项选择题 18（1分，难度系数 0.75）

出纳员工作交接中有价证券主要包括（   ）。

A. 支票　　　　　B. 汇票　　　　　C. 本票　　　　　D. 股票

单项选择题 19（1分，难度系数 0.75）

出纳员工作交接中有价证券主要包括（   ）。

A. 支票　　　　　B. 汇票　　　　　C. 本票　　　　　D. 债券

单项选择题 20（1分，难度系数 0.75）

出纳员工作交接中（   ）主要包括债券和股票。

A. 票据　　　　　B. 有价证券　　　C. 货币资金　　D. 账簿

单项选择题 21（1 分，难度系数 0.75）

出纳员工作交接中（　　）主要包括用于银行结算的各种银行汇票、银行本票、商业汇票等。

A. 票据　　　　　B. 有价证券　　　C. 货币资金　　D. 账簿

单项选择题 22（1 分，难度系数 0.75）

出纳员工作交接中票据主要包括用于银行结算的各种（　　）、银行本票、商业汇票等。

A. 支票　　　　　B. 有价证券　　　C. 货币资金　　D. 银行汇票

单项选择题 23（1 分，难度系数 0.75）

出纳员工作交接中票据主要包括用于银行结算的各种银行汇票、（　　）、商业汇票等。

A. 支票　　　　　B. 有价证券　　　C. 银行本票　　D. 货币资金

单项选择题 24（1 分，难度系数 0.75）

出纳员工作交接中票据主要包括用于银行结算的各种银行汇票、银行本票、（　　）等。

A. 支票　　　　　B. 有价证券　　　C. 商业汇票　　D. 货币资金

单项选择题 25（1 分，难度系数 0.75）

出纳员工作交接中（　　）主要包括空白收据、已用或作废收据的存根联等。

A. 收款收据　　　B. 付款收据　　　C. 有价证券　　D. 货币资金

单项选择题 26（1 分，难度系数 0.75）

出纳员工作交接中收款收据主要包括（　　）、已用或作废收据的存根联等。

A. 已用收据的记账联　　　　　　　B. 作废收据的记账联
C. 已用或作废收据的顾客联　　　　D. 空白收据

单项选择题 27（1 分，难度系数 0.75）

出纳员工作交接中收款收据主要包括空白收据、已用或作废收据的（　　）等。

A. 顾客联　　　　B. 记账联　　　　C. 存根联　　　D. 空白联

单项选择题 28（1 分，难度系数 0.75）

出纳员工作交接中（　　）主要包括财务专用章、银行预留印鉴以及"现金收讫""现金付讫""银行收讫""银行付讫""作废"等业务专用章。

A. 凭证　　　　　B. 印章　　　　　C. 资料　　　　D. 工具

单项选择题 29（1 分，难度系数 0.75）

出纳员工作交接中（　　）主要包括应由出纳人员保管的相关文件、银行对账单、合同、协议等。

A. 凭证　　　　　B. 会计文件　　　C. 资料　　　　D. 文本

多项选择题 1（2 分，难度系数 0.9）

出纳员工作交接的内容有（　　）。

A. 出纳凭证　　　B. 出纳账簿　　　C. 现金　　　　D. 支票

判断题 1（1 分，难度系数 0.75）

出纳员工作交接中接交人只需核对日记账。（　　）

6.1.2 明确出纳员工作交接的主要环节

单项选择题 1（1分，难度系数0.75）
出纳员工作交接准备工作编制（   ），填明移交的账簿、凭证、现金、有价证券、支票簿、文件资料、印鉴和其他物品的具体名称和数量。
　　A. 文件　　　　　　B. 凭证　　　　　C. 资料　　　　D. 移交清册

单项选择题 2（1分，难度系数0.75）
出纳员工作交接准备工作应将出纳日记账登记完毕，并在最后一笔余额后加盖（   ）。
　　A. 名章　　　　　　B. 法人章　　　　C. 财务章　　　D. 公章

单项选择题 3（1分，难度系数0.75）
出纳员工作交接准备工作应将（   ）登记完毕，并在最后一笔余额后加盖名章。
　　A. 支票登记簿　　　B. 出纳日记账　　C. 银行总账　　D. 库存现金总账

多项选择题 1（2分，难度系数0.9）
出纳员工作交接阶段工作中，对（   ）要根据出纳账和备查账簿余额进行点收。接交人员发现不一致时，移交人要负责查清。
　　A. 现金　　　　　　B. 银行存款　　　C. 有价证券　　D. 其他货币资金

多项选择题 2（2分，难度系数0.9）
出纳员工作交接阶段工作中，对现金、有价证券要根据（   ）进行点收。接交人员发现不一致时，移交人要负责查清。
　　A. 现金日记账　　　　　　　　　　　B. 出纳账
　　C. 备查账簿余额　　　　　　　　　　D. 其他货币资金明细账

多项选择题 3（2分，难度系数0.9）
出纳员工作交接阶段工作中，接交人按移交清册点收公章，主要包括（   ）和其他实物。
　　A. 财务专用章　　　　　　　　　　　B. 支票专用章
　　C. 领导人名章　　　　　　　　　　　D. 发票专用章

多项选择题 4（2分，难度系数0.9）
下列各选项中，符合出纳交接要求的是（   ）。
　　A. 现金要根据会计账簿有关记录由移交人向接交人逐一点交
　　B. 实行会计电算化的单位，应先在电子计算机上进行实际操作交接
　　C. 出纳凭证、出纳账簿和其他会计核算资料必须完整无缺
　　D. 接交人应继续使用原保险柜密码，以保证工作的连续性

判断题 1（1分，难度系数0.75）
出纳员工作交接阶段工作包括接交人办理接收后，应在出纳账启用表上填写接收时间，并签名盖财务专用章。　　　　　　　　　　　　　　　　　　　　　　（   ）

判断题 2（1分，难度系数0.75）
出纳员工作交接完毕后，交接双方和监交人，要在移交清册上签名或盖章。（   ）

判断题 3（1 分，难度系数 0.75）

出纳员工作交接完毕后，移交清册必须具备单位名称、交接日期、交接双方和监交人的职务及姓名，以及移交清册页数、份数和其他需要说明的问题和意见。（　　）

判断题 4（1 分，难度系数 0.75）

出纳员工作交接完毕后，移交清册一般一式三份，交接双方各执一份，存档一份。

（　　）

6.2　出纳员工作交接手续

单项选择题 1（1 分，难度系数 0.75）

出纳员工作交接准备工作应在（　　）上填写移交日期，并加盖名章。

A. 支票登记簿　　　　　　　　　B. 出纳日记账
C. 出纳账启用表　　　　　　　　D. 库存现金总账

单项选择题 2（1 分，难度系数 0.75）

出纳员工作交接准备工作应在出纳账启用表上填写（　　），并加盖名章。

A. 建账日期　　B. 移交日期　　C. 结账日期　　D. 审核日期

单项选择题 3（1 分，难度系数 0.75）

出纳员工作交接阶段工作中，对现金、有价证券要根据（　　）和备查账簿余额进行点收。接交人员发现不一致时，移交人要负责查清。

A. 现金日记账　　　　　　　　　B. 银行存款总账
C. 出纳账　　　　　　　　　　　D. 其他货币资金明细账

单项选择题 4（1 分，难度系数 0.75）

出纳员工作交接阶段工作中出纳账和其他会计资料必须完整无缺，不得遗漏。如有短缺，由（　　）查明原因，在移交清册中注明，由移交人负责。

A. 建账人　　　B. 记账人　　　C. 移交人　　　D. 结账人

单项选择题 5（1 分，难度系数 0.75）

出纳员工作交接阶段工作中，接交人按（　　）点收公章，主要包括财务专用章、支票专用章和领导人名章和其他实物。

A. 物品清册　　B. 公章清册　　C. 移交清册　　D. 账簿清册

单项选择题 6（1 分，难度系数 0.75）

出纳员工作交接结束阶段，接交人办理接收后，应在（　　）上填写接收时间，并签名盖章。

A. 物品清册　　B. 账簿封面　　C. 移交清册　　D. 出纳账启用表

多项选择题 1（2 分，难度系数 0.9）

出纳员工作交接的主要内容包括（　　）。

A. 出纳凭证　　B. 出纳账簿　　C. 现金　　　　D. 支票

多项选择题 2（2 分，难度系数 0.9）

出纳员工作交接的主要内容包括（　　）。

A. 有价证券

B. 用于银行结算的各种银行汇票、银行本票、商业汇票等票据

C. 各种收款收据

D. 印章

多项选择题 3（2分，难度系数0.9）

出纳员工作交接的主要内容包括（   ）。

A. 支票

B. 办公室、办公桌与保险工具的钥匙，各种保密号码

C. 经办未了事项

D. 印章

多项选择题 4（2分，难度系数0.9）

出纳员工作交接的主要内容包括（   ）。

A. 会计文件

B. 会计用品

C. 办公室、办公桌与保险工具的钥匙，各种保密号码

D. 本部门保管的各种档案资料和公用会计工具、器具等

多项选择题 5（2分，难度系数0.9）

出纳员工作交接的主要内容包括（   ）。

A. 各种文件资料和其他业务资料

B. 经办未了事项

C. 办公室、办公桌与保险工具的钥匙，各种保密号码

D. 本部门保管的各种档案资料和公用会计工具、器具等

多项选择题 6（2分，难度系数0.9）

出纳员工作交接的主要内容包括（   ）。

A. 出纳凭证　　　　B. 有价证券　　　C. 各种收款收据　D. 支票

多项选择题 7（2分，难度系数0.9）

出纳员工作交接的主要内容包括（   ）。

A. 有价证券

B. 出纳账簿

C. 办公室、办公桌与保险工具的钥匙，各种保密号码

D. 印章

多项选择题 8（2分，难度系数0.9）

出纳员工作交接的主要内容包括（   ）。

A. 出纳凭证　　　　　B. 会计用品　　　　C. 各种收款收据　D. 印章

多项选择题 9（2分，难度系数0.9）

出纳员工作交接的主要内容包括（   ）。

A. 会计文件

B. 会计用品

C. 各种文件资料和其他业务资料

D. 本部门保管的各种档案资料和公用会计工具、器具等

多项选择题 10（2分，难度系数0.9）

出纳员工作交接的主要内容包括（   ）。

A. 各种文件资料和其他业务资料

B. 经办未了事项

C. 办公室、办公桌与保险工具的钥匙，各种保密号码

D. 各种收款收据

多项选择题 11（2分，难度系数0.9）

出纳员工作交接中出纳凭证的主要内容包括与现金、银行存款及其他货币资金有关的（   ）。

A. 原始凭证　　　B. 票据　　　C. 记账凭证　　　D. 收款收据

多项选择题 12（2分，难度系数0.9）

出纳员工作交接中出纳凭证的主要内容包括与（   ）有关的原始凭证和记账凭证。

A. 现金　　　B. 票据　　　C. 银行存款　　　D. 其他货币资金

多项选择题 13（2分，难度系数0.9）

出纳员工作交接中出纳账簿的主要内容包括（   ）。

A. 应收账款明细账　　　　　　B. 现金日记账

C. 银行存款日记账　　　　　　D. 其他货币资金明细账

多项选择题 14（2分，难度系数0.9）

出纳员工作交接中现金主要包括（   ）。

A. 库存的人民币　　　　　　B. 库存的外币

C. 存在银行存款的人民币　　D. 存在银行存款的外币

多项选择题 15（2分，难度系数0.9）

出纳员工作交接中支票主要包括（   ）。

A. 现金支票　　　　　　B. 空白支票

C. 转账支票　　　　　　D. 支票领用备查登记簿

多项选择题 16（2分，难度系数0.9）

出纳员工作交接中有价证券主要包括（   ）。

A. 支票　　　B. 汇票　　　C. 债券　　　D. 股票

多项选择题 17（2分，难度系数0.9）

出纳员工作交接中票据主要包括（   ）。

A. 银行结算票据　　　　　　B. 银行汇票

C. 银行本票　　　　　　　　D. 商业汇票

多项选择题 18（2分，难度系数0.9）

出纳员工作交接中收款收据主要包括（   ）。

A. 已用收据的存根联　　　　B. 作废收据的存根联

C. 已用或作废收据的顾客联　D. 空白收据

多项选择题 19（2分，难度系数0.9）

出纳员工作交接中收款收据主要包括空白收据、（   ）的存根联。

A. 已用收据 B. 作废收据
C. 错误收据 D. 空白收据

多项选择题 20（2 分，难度系数 0.9）
出纳员工作交接中印章主要包括（　　）。
A. 印章 B. 银行预留印鉴
C. 业务专用章 D. 合同专用章

多项选择题 21（2 分，难度系数 0.9）
出纳员工作交接中印章主要包括财务专用章、银行预留印鉴、（　　）等业务专用章。
A. 现金收讫 B. 现金付讫 C. 银行收讫 D. 银行付讫

多项选择题 22（2 分，难度系数 0.9）
出纳员工作交接中会计文件主要包括应由出纳人员保管的（　　）。
A. 相关文件 B. 银行对账单 C. 合同 D. 协议

多项选择题 23（2 分，难度系数 0.9）
出纳员工作交接的主要环节包括（　　）。
A. 交接准备 B. 交接阶段 C. 交接结束 D. 交接验收

多项选择题 24（2 分，难度系数 0.9）
出纳员工作交接准备工作包括（　　）。
A. 将出纳日记账登记完毕，并在最后一笔余额后加盖名章
B. 出纳账与现金、银行存款总账核对相符，现金账面余额与实际库存现金核对一致，银行存款账面余额与银行对账单核对无误
C. 在出纳账启用表上填写移交日期，并加盖名章
D. 整理应移交的各种资料，对未了事项要写出书面说明

多项选择题 25（2 分，难度系数 0.9）
出纳员工作交接准备工作包括（　　）。
A. 将出纳日记账登记完毕，并在最后一笔余额后加盖名章
B. 出纳账与现金、银行存款总账核对相符，现金账面余额与实际库存现金核对一致，银行存款账面余额与银行对账单核对无误
C. 在出纳账启用表上填写移交日期，并加盖名章
D. 编制"移交清册"，填明移交的账簿、凭证、现金、有价证券、支票簿、文件资料、印鉴和其他物品的具体名称和数量

多项选择题 26（2 分，难度系数 0.9）
出纳员工作交接准备工作包括以下（　　）核对无误。
A. 出纳账与现金与银行存款总账
B. 现金账面余额与实际库存现金
C. 银行存款账面余额与银行存款总账
D. 银行存款账面余额与银行对账单

多项选择题 27（2 分，难度系数 0.9）
出纳员工作交接准备工作编制"移交清册"，填明移交的（　　）的具体名称和

A. 账簿　　　　　B. 凭证　　　　　C. 现金　　　　　D. 有价证券

多项选择题 28（2 分，难度系数 0.9）
　　出纳员工作交接准备工作编制"移交清册"，填明移交的（　　）的具体名称和数量。
　　A. 支票簿　　　　B. 文件资料　　　C. 印鉴　　　　　D. 其他物品

多项选择题 29（2 分，难度系数 0.9）
　　出纳员工作交接准备工作编制"移交清册"，填明移交的（　　）的具体名称和数量。
　　A. 账簿　　　　　B. 文件资料　　　C. 现金　　　　　D. 其他物品

多项选择题 30（2 分，难度系数 0.9）
　　出纳员工作交接阶段工作主要包括（　　）。
　　A. 现金、有价证券要根据出纳账和备查账簿余额进行点收。接交人员发现不一致时，移交人要负责查清
　　B. 出纳账和其他会计资料必须完整无缺，不得遗漏。如有短缺，由移交人查明原因，在移交清册中注明，由移交人负责
　　C. 接交人应核对出纳账与总账、出纳账与库存现金和银行对账单的余额是否相符，如有不符，应由移交人查明原因，在移交清册中注明，并负责处理
　　D. 接交人按移交清册点收公章（主要包括财务专用章、支票专用章和领导人名章）和其他实物

多项选择题 31（2 分，难度系数 0.9）
　　出纳员工作交接阶段工作主要包括（　　）。
　　A. 现金、有价证券要根据出纳账和备查账簿余额进行点收。接交人员发现不一致时，移交人要负责查清
　　B. 出纳账和其他会计资料必须完整无缺，不得遗漏。如有短缺，由移交人查明原因，在移交清册中注明，由移交人负责
　　C. 接交人应核对出纳账与总账、出纳账与库存现金和银行对账单的余额是否相符，如有不符，应由移交人查明原因，在移交清册中注明，并负责处理
　　D. 接交人办理接收后，应在出纳账启用表上填写接收时间，并签名盖章

判断题 1（1 分，难度系数 0.75）
　　出纳员工作交接的主要内容包括记账凭证、账簿、现金、支票、有价证券。（　　）

判断题 2（1 分，难度系数 0.75）
　　出纳员工作交接中出纳凭证包括与现金、银行存款及其他货币资金有关的原始凭证和记账凭证。　　　　　　　　　　　　　　　　　　　　　　　　（　　）

判断题 3（1 分，难度系数 0.75）
　　出纳员工作交接中出纳账簿包括现金日记账、银行存款日记账、现金总账、银行存款总账等。　　　　　　　　　　　　　　　　　　　　　　　　　（　　）

判断题 4（1 分，难度系数 0.75）
　　出纳员工作交接中现金包括库存的人民币、外币、银行存款。　　　　　（　　）

判断题 5（1分，难度系数 0.75）

出纳员工作交接中支票包括空白支票、支票领用备查登记簿。（　　）

判断题 6（1分，难度系数 0.75）

出纳员工作交接中有价证券包括债券、股票等。（　　）

判断题 7（1分，难度系数 0.75）

出纳员工作交接中收款收据包括空白收据、已用或作废收据的记账联等。（　　）

判断题 8（1分，难度系数 0.75）

出纳员工作交接中印章包括财务专用章、银行预留印鉴以及"现金收讫""现金付讫""银行收讫""银行付讫""作废"等业务专用章和发票专用章。（　　）

判断题 9（1分，难度系数 0.75）

出纳员工作交接中会计文件包括应由出纳人员保管的相关文件、银行对账单、合同、协议等。（　　）

判断题 10（1分，难度系数 0.75）

出纳员工作交接中会计用品包括报销单据、借据等。（　　）

判断题 11（1分，难度系数 0.75）

出纳员工作交接的主要环节包括交接准备、交接阶段、交接结束、交接验收。

（　　）

判断题 12（1分，难度系数 0.75）

出纳员工作交接准备工作包括将出纳日记账登记完毕，并在最后一笔余额后加盖财务专用章。（　　）

判断题 13（1分，难度系数 0.75）

出纳员工作交接准备工作包括出纳账与现金、银行存款总账核对相符，现金账面余额与实际库存现金核对一致，银行存款账面余额与银行对账单核对无误。（　　）

判断题 14（1分，难度系数 0.75）

出纳员工作交接准备工作包括在出纳账启用表上填写建账日期，并加盖名章。

（　　）

判断题 15（1分，难度系数 0.75）

出纳员工作交接准备工作包括整理应移交的各种资料，但对未了事项不需要写出书面说明。（　　）

判断题 16（1分，难度系数 0.75）

出纳员工作交接准备工作包括编制"移交清册"，填明移交的账簿、凭证、现金、有价证券、支票簿、文件资料、印鉴和其他物品的具体名称和数量。（　　）

判断题 17（1分，难度系数 0.75）

出纳员的离职交接，必须在规定的期限内，向接交人员移交清楚。接交人员应认真按移交清册当面点收。（　　）

判断题 18（1分，难度系数 0.75）

出纳员工作交接阶段工作包括现金、有价证券要根据出纳账和备查账簿余额进行点收。接交人员发现不一致时，接收人要负责查清。（　　）

判断题 19（1分，难度系数0.75）

出纳员工作交接阶段工作包括出纳账和其他会计资料必须完整无缺，不得遗漏。如有短缺，由接收人查明原因，在移交清册中注明，由接收人负责。　　　　　　（　）

判断题 20（1分，难度系数0.75）

出纳员工作交接阶段工作包括接交人应核对出纳账与总账、出纳账与库存现金和银行对账单的余额是否相符，如有不符，应由移交人在移交清册中注明，不需要查明原因。　　　　　　　　　　　　　　　　　　　　　　　　　　　　　　　（　）

判断题 21（1分，难度系数0.75）

出纳员工作交接阶段工作包括接交人按移交清册点收公章（主要包括财务专用章、支票专用章、发票专用章和领导人名章）和其他实物。　　　　　　　（　）

综合练习题

一、现金业务练习

1. 2019年6月5日，华盛实业股份有限公司（开户行：中国银行北京海淀支行，账号：4563510100888122489）签发现金支票，提取备用金3 000元。

完成提现业务记账凭证（记4）。

记 账 凭 证

　　　　　　　　　　　年　月　日　　　　　　　　字第　　号

摘要	总账科目	明细科目	借方金额										贷方金额										√
			千	百	十	万	千	百	十	元	角	分	千	百	十	万	千	百	十	元	角	分	
合计																							

财务主管　　　　记账　　　　出纳　　　　审核　　　　制单

2. 2019年4月2日，华盛实业股份有限公司供销科长张志经预借差旅费4 000元，财务部签发收款人为个人的现金支票给供销科长张志经。

完成预借差旅费的记账凭证（记1）。

记 账 凭 证

年　月　日　　　　　　　　字第　号

摘要	总账科目	明细科目	借方金额										贷方金额										√	附单据张
			千	百	十	万	千	百	十	元	角	分	千	百	十	万	千	百	十	元	角	分		
合计																								

财务主管　　　记账　　　出纳　　　审核　　　制单

3.2019年6月5日，华盛实业股份有限公司出纳员将收取的现金 4 320 元（40 张 100 元，6 张 50 元，2 张 10 元的纸币）存入银行（开户行：中国银行北京海淀支行，账号：4563510100888122489）。

ICBC　中国工商银行　　　　　　　现金存款凭条

日期：　　年　月　日

存款人	全　称									款项来源											第一联
	账　号									交款人											
	开户行									金额（小写）	亿	千	百	十	万	千	百	十	元	角	分
	金额（大写）																				

票面	张数	十万	千	百	十	元	票面	张数	千	百	十	元	角	分		银行核对联
壹佰元							伍角									
伍拾元							贰角									
贰拾元							壹角									
拾 元							伍分								备注	
伍 元							贰分									
贰 元							壹分									
壹 元							其他									

完成现金送存业务记账凭证（记 6）。

记 账 凭 证

年　月　日　　　　　　　　字第　号

摘要	总账科目	明细科目	借方金额 千百十万千百十元角分	贷方金额 千百十万千百十元角分	√
合计					

财务主管　　　记账　　　出纳　　　审核　　　制单

4.2019年5月23日，华盛实业股份有限公司收职工刘文彩交来因违反操作规程造成损失的现金赔偿款300元，请填写收款收据（出纳：罗燕红）。

收 款 收 据　　NO.10275532

年 月 日

今 收 到＿＿＿＿＿＿＿＿＿＿＿＿＿＿＿＿＿＿＿＿

交 来：＿＿＿＿＿＿＿＿＿＿＿＿＿＿＿＿＿＿＿＿＿

金额（大写）　佰　拾　万　仟　佰　拾　元　角　分

¥＿＿＿＿＿　□现金　□支票　□信用卡　□其他　　收款单位（盖章）

核准　　会计　　记帐　　出纳　　经手人

第三联交财务

完成收现金赔款记账凭证（记33）。

记 账 凭 证

年　月　日　　　　　　　　字第　号

摘要	总账科目	明细科目	借方金额 千百十万千百十元角分	贷方金额 千百十万千百十元角分	√
合计					

财务主管　　　记账　　　出纳　　　审核　　　制单

综合练习题

5. 2019 年 6 月 6 日，华盛实业股份有限公司购买收银机用纸，以现金支付，出纳审核原始单据并付款签章。

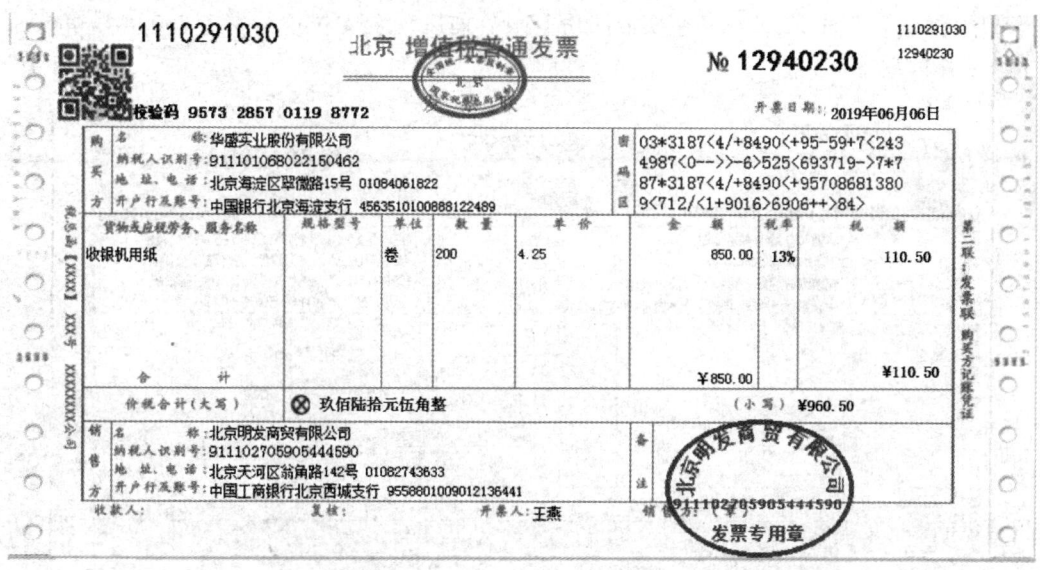

完成购买收银机用纸的记账凭证（记 6）。

记账凭证

年　月　日　　　　　　　字第　号

摘要	总账科目	明细科目	借方金额										贷方金额										√
			千	百	十	万	千	百	十	元	角	分	千	百	十	万	千	百	十	元	角	分	
合计																							

财务主管　　　记账　　　出纳　　　审核　　　制单

6.2019 年 6 月 12 日，华盛实业股份有限公司以现金支付招待费 1 630 元，审核原始单据并付款签章。

支 出 证 明 单

年　月　日　　　　　　　附件共　张

支出科目	摘　　要	金额							缺乏正式单据之原因
		万	千	百	十	元	角	分	

合计人民币：（大写）　　万　仟　佰　拾　元　角　分　￥

核准：　　　复核：　　　证明人：　　　经手：

完成支付招待费的记账凭证（记10）。

记 账 凭 证

年　　月　　日　　　　　　　　　　字第　　号

摘要	总账科目	明细科目	借方金额 千百十万千百十元角分	贷方金额 千百十万千百十元角分	√
合计					

附单据　　张

财务主管　　　记账　　　出纳　　　审核　　　制单

7.2019 年 9 月 12 日，华盛实业股份有限公司员工刘云飞出差回来，报销差旅费 3 105 元，退回财务部门剩余现金 395 元（出纳：罗燕红）。

差旅费报销单

部门：　　　　　　日期：2019年9月12日

出发地		到达地		公出补助			车船飞机费	卧铺	住宿费	市内车费	邮电费	其他	合计
月	日	地点	月	日	地点	天数	标准	金额					
9	8	北京	9	8	武汉				832.50		1440.00				2272.50
9	11	武汉	9	11	北京				832.50						832.50
		小计	¥3105.00				1665.00		1440.00				3105.00
				合计人民币（大写）：			叁仟壹佰零伍元整						
备注：		预支 3500.00		核销 3105.00		退补 395.00							

主管：×××　　部门：×××　　报销人：刘云飞　　审核人：×××

收 款 收 据

NO.10275532

年　　月　　日

今 收 到 ＿＿＿＿＿＿＿＿＿＿＿＿＿＿

交 来：＿＿＿＿＿＿＿＿＿＿＿＿＿＿

金额（大写）＿＿佰＿＿拾＿＿万＿＿仟＿＿佰＿＿拾＿＿元＿＿角＿＿分

¥＿＿＿＿　□现金　□支票　□信用卡　□其他　　收款单位（盖章）

第三联交财务

核准　　会计　　记账　　出纳　　经手人

完成报销差旅费的记账凭证（记15）。

记 账 凭 证

年　月　日　　　　　　　　　　字第　　号

摘要	总账科目	明细科目	借方金额										贷方金额										√	
			千	百	十	万	千	百	十	元	角	分	千	百	十	万	千	百	十	元	角	分		附单据　　张
合计																								

财务主管　　　　记账　　　　出纳　　　　审核　　　　制单

8. 2019年6月2日，华盛实业股份有限公司盘点库存现金，盘点金额为840元，根据背景单据，填制库存现金盘点表（监盘：苏伟轮，盘点：罗燕红）。

现 金 日 记 账　　第12页

2019年		凭证		票据号数	摘要	借方	贷方	余额	核对
月	日	种类	号数			百十万千百十元角分	百十万千百十元角分	百十万千百十元角分	
06	01				承前页	5000 00	4500 00	1000 00	□
06	01	银付	001		提取现金	1000 00		2000 00	□
06	01	现付	001		支付办公费		300 00	1700 00	□
06	02	现付	002		预借差旅费		900 00	900 00	□
06	02	现付	003		支付办公费		40 00	960 00	□

库存现金盘点表

年　月　日　　　　　　　　　　　　　　　　　　编号 0602

账存金额	实存金额	盘盈	盘亏	备注

监盘人（签章）：　　　　　　　　盘点人（签章）：

完成记账凭证（由出纳赔偿，记3、记4）。

记 账 凭 证

　　　　　　　　　　年　月　日　　　　　　　　　　字第　号

摘要	总账科目	明细科目	借方金额										贷方金额										✓	附
			千	百	十	万	千	百	十	元	角	分	千	百	十	万	千	百	十	元	角	分		单
																								据
																								张
合计																								

财务主管　　　　记账　　　　出纳　　　　审核　　　　制单

记 账 凭 证

　　　　　　　　　　年　月　日　　　　　　　　　　字第　号

摘要	总账科目	明细科目	借方金额										贷方金额										✓	附
			千	百	十	万	千	百	十	元	角	分	千	百	十	万	千	百	十	元	角	分		单
																								据
																								张
合计																								

财务主管　　　　记账　　　　出纳　　　　审核　　　　制单

9. 2019年8月31日，华盛实业股份有限公司盘点库存现金，盘点金额为400元，根据背景单据，填制库存现金盘点表（监盘：苏伟轮，盘点：罗燕红）。

现 金 日 记 账　　　　第12页

2019年		凭证		票据号数	摘要	借方								贷方								余额								核对
月	日	种类	号数			百	十	万	千	百	十	元	角分	百	十	万	千	百	十	元	角分	百	十	万	千	百	十	元	角分	
08	01				承前页			8	1	4	0	0	00			8	1	8	0	0	00				1	0	0	0	00	□
08	01	银付	1		提取现金				1	5	0	0	00												2	5	0	0	00	□
08	01	现付	1		购买办公费													5	4	0	00				1	9	6	0	00	□
08	12	现付	2		预借差旅费													3	0	0	00				1	6	6	0	00	□
08	18	现付	3		支付办公费													7	3	0	00					9	3	0	00	□
08	20	银付	30		提取现金				2	0	0	0	00												2	9	3	0	00	□
08	31	现付	4		预借差旅费												2	1	0	0	00					8	3	0	00	□
08	31	现付	5		支出备用金													5	0	0	00					3	3	0	00	□
08	31				本月合计				3	5	0	0	00				4	1	7	0	00					3	3	0	00	□
08	31				本年累计			8	1	7	5	0	00			8	2	2	1	7	00					3	3	0	00	□

库存现金盘点表

年　　月　　日　　　　　　　　　　　　　　　　　　　　编号 0831

账存金额	实存金额	盘盈	盘亏	备注

监盘人（签章）：　　　　　　　　盘点人（签章）：

完成记账凭证（系无法查明原因，记34、记35）。

记 账 凭 证

年　　月　　日　　　　　　　　　　字第　　　号

摘要	总账科目	明细科目	借方金额 千百十万千百十元角分	贷方金额 千百十万千百十元角分	√	附单据　　张
合计						

财务主管　　　　记账　　　　出纳　　　　审核　　　　制单

记 账 凭 证

年　　月　　日　　　　　　　　　　字第　　　号

摘要	总账科目	明细科目	借方金额 千百十万千百十元角分	贷方金额 千百十万千百十元角分	√	附单据　　张
合计						

财务主管　　　　记账　　　　出纳　　　　审核　　　　制单

二、银行存款业务练习

1.2019年10月12日，北京惠龙家具商贸有限公司（开户行：工行北京市海骄路支行，账号：73815294369101）签发转账支票一张，支付前欠北京沃丰商贸有限公司货款，金额125 000元。请根据背景资料，填制转账支票。

完成支付前欠货款记账凭证（记5）。

记 账 凭 证

年 月 日　　　　　　　　　　　　　字第　　号

摘要	总账科目	明细科目	借方金额									贷方金额									√
			千	百	十	万	千	百	十	元	角	分	千	百	十	万	千	百	十	元	角	分	
合计																						

财务主管　　　　记账　　　　出纳　　　　审核　　　　制单

2. 2019年4月2日，华盛实业股份有限公司向北京永乐电器城购买笔记本电脑，货款以银行本票结算，请根据背景资料填写本票申请书（付款方式：转账）。

北京增值税专用发票

No 14756780
1100082140
14756780

开票日期：2019年04月02日

购买方	名　称：华盛实业股份有限公司 纳税人识别号：911101068022150462 地　址、电　话：北京海淀区翠微路15号 01084061822 开户行及账号：中国银行北京海淀支行 4563510100888122489	密码区	03*3187<4/+8490<+95-59+7<243 4987<0-->-6>525<693719->7*7 87*3187<4/+8490+95708681380 9<712/<1+9016>6906++>84>93/-

货物或应税劳务、服务名称	规格型号	单位	数量	单价	金额	税率	税额
笔记本电脑		台	2.00	6000.00	12000.00	13%	1560.00
合　　计					¥12000.00		¥1560.00

价税合计（大写）　　壹万叁仟伍佰陆拾元整　　（小写）¥13560.00

| 销售方 | 名　称：北京永乐电器城
纳税人识别号：911104570545245238
地　址、电　话：北京市朝阳区东四环中路60号楼 01089608297
开户行及账号：中国银行北京朝阳支行 4563500200137252156 | 备注 | （北京永乐电器城发票专用章）
911104570545245238 |

收款人：　　复核：　　开票人：刘欢

银行汇（本）票申请书

年　月　日　　流水号：20195357

业务类型	□银行汇票　　□银行本票	付款方式	□转账　　□现金
公司名称		收款人	
账　号		账　号	
用　途		代理付款行	

金额（大写）人民币　　　亿千百十万千百十元角分

客户签章

会计主管　　授权　　复核　　录入

完成申请签发银行本票记账凭证（记1）。

记账凭证

年　月　日　　字第　号

摘要	总账科目	明细科目	借方金额									贷方金额									√
			千	百	十	万	千	百	十	元	角	分	千	百	十	万	千	百	十	元	角	分	
合计																						

财务主管　　记账　　出纳　　审核　　制单

3. 2019年9月6日，北京明发商贸有限公司向开户银行申请签发金额为50 000元的银行汇票一份结清与福州长富贸易公司往来款项（付款方式：转账）。

付款申请书

2019年09月06日

用途及情况	金 额	收款单位(人)：福州长富贸易公司
结清往来款项	亿千百十万千百十元角分 ￥5 0 0 0 0 0 0	账 号：4367420011260221073
		开户行：中国建设银行福州静安支行
金额(大写)合计：人民币伍万元整		电汇：□ 信汇：□ 汇票：□ 转账：☑ 其他：□
总经理 同意 陈晓明	财务部门 经理 同意 王刚 / 会计 刘洪	业务部门 经理 同意 陈廉明 / 经办人 涌灵玉

银行汇(本)票申请书

年 月 日   流水号：01984158

业务类型	□银行汇票	□银行本票	付款方式	□转账	□现金
公司名称			收款人		
账 号			账 号		
用 途			代理付款行		
金额(大写)人民币			亿千百十万千百十元角分		

第一联 银行记账凭证

客户签章

会计主管   授权   复核   录入

完成申请签发银行汇票的记账凭证（记8）。

记 账 凭 证

年 月 日   字第   号

摘要	总账科目	明细科目	借方金额 千百十万千百十元角分	贷方金额 千百十万千百十元角分	√
					附
					单
					据
					张
合计					

财务主管   记账   出纳   审核   制单

4. 2019年4月13日,北京明发商贸有限公司从上海沪鑫制造厂购买设备一台,根据购销合同约定,签发付款期限为5个月的银行承兑汇票结算货款。

购销合同

购方:北京明发商贸有限公司　　合同编号:SM201603130
销方:上海沪鑫制造厂　　　　　签订地点:上海

供需双方本着互利互惠、长期合作的原则,根据《中华人民共和国合同法》及双方的实际情况,就需方向供方采购事宜,订立本合同,以使双方在合同履行中共同遵守。

一、产品名称、数量、单价、金额:

产品名称	规格型号	计量单位	数量	单价	金额	备注
发电机	301C	台	1	141250.00	141250.00	含税价(13%)
合计	—	—	—	—	¥141250.00	

合计人民币(大写):壹拾肆万壹仟贰佰伍拾元整

二、质量要求技术标准:供方对质量负责的条件和期限:按合同企业标准。
三、交(提)货地点、方式:销货方运货至购货方仓库。
四、付款时间与付款方式:
1、双方协定货款采用银行承兑汇票的结算方式。
2、产品交货时间为2019年04月23日。

五、运输方式及到站、港和费用负担:公路运输至购货方仓库,运费由销货方承担。
六、合理损耗及计算方法:以实际数量验收。
七、包装标准、包装物的供应与回收:普通包装,不回收包装物。
八、验收标准、方法及提出异议期限:货到需方七天内提出质量异议,不包括运输过程中造成的质量问题。
九、违约责任:按《合同法》
十、解决合同纠纷的方式:双方协商解决。
十一、其他约定事项:本合同一式两份,需、供双方各一份,经双方盖章后即生效。

购方(盖章):北京明发商贸有限公司　　销方(盖章):上海沪鑫制造厂
单位地址:北京西城区百庄西里12号　　单位地址:上海嘉定区嘉新公路19号
电　话:010-84326359　　　　　　　电　话:021-34662623
签订日期:2016年03月06日　　　　　签订日期:2016年03月06日
开户银行:中国工商银行北京西城支行　开户银行:中国工商银行上海嘉定支行
账　号:955880100901213641　　　账　号:955887239013725241

综合练习题

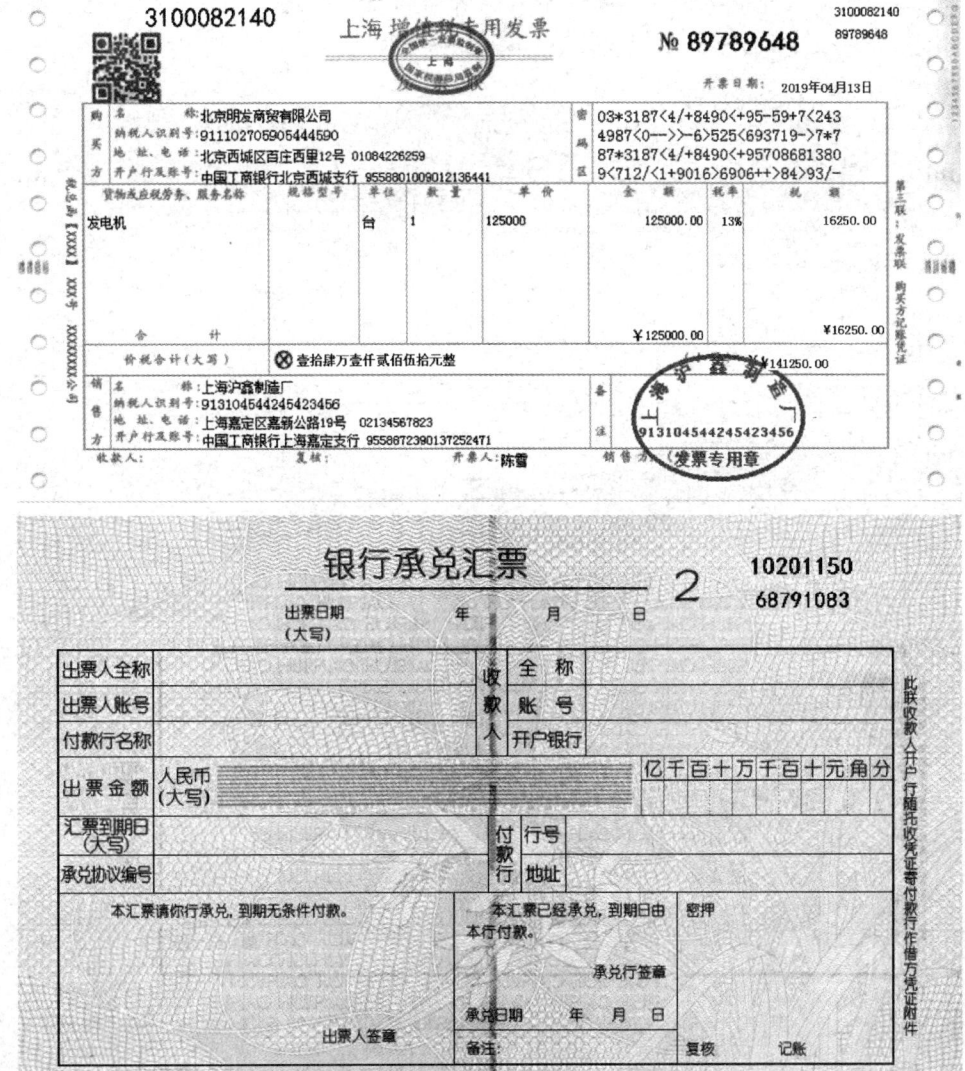

完成购买设备的记账凭证（记16）。

记账凭证

年　月　日　　　　　　　　　字第　号

摘要	总账科目	明细科目	借方金额									贷方金额									√
			千	百	十	万	千	百	十	元	角	分	千	百	十	万	千	百	十	元	角	分	
合计																						

财务主管　　　　记账　　　　出纳　　　　审核　　　　制单

5.2019年4月6日，北京明发商贸有限公司向宏叶制造厂购买瓷砖一批，签发付款期限为4个月的商业承兑汇票一张（合同号：05006）。

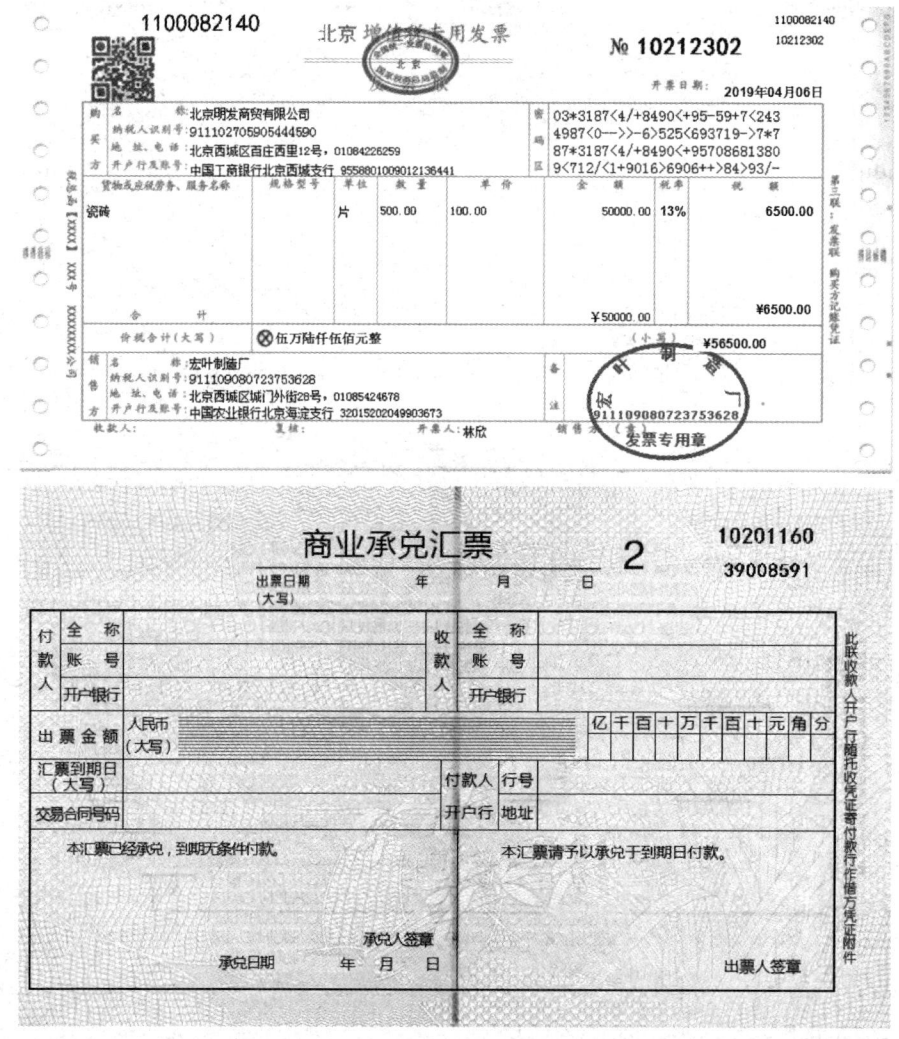

完成购买瓷砖的记账凭证（记5）。

记 账 凭 证

年　月　日　　　　　字第　号

摘要	总账科目	明细科目	借方金额										贷方金额										√附单据张
			千	百	十	万	千	百	十	元	角	分	千	百	十	万	千	百	十	元	角	分	
合计																							

财务主管　　　记账　　　出纳　　　审核　　　制单

6. 2019年5月22日,北京明发商贸有限公司根据合同预付货款给上海榕运商行,货款以普通电汇方式结算,根据背景资料填制电汇凭证并到银行办理。

购销合同

购方:北京明发商贸有限公司
销方:上海榕运商行
合同编号:SH201605220
签订地点:上海

供需双方本着互利互惠、长期合作的原则,根据《中华人民共和国合同法》及双方的实际情况,就需方向供方采购事宜,订立本合同,以使双方在合同履行中共同遵守。

一、产品名称、数量、单价、金额

产品名称	规格型号	计量单位	数量	单价	金额	备注
显示器		台	80.00	2500.00	200000.00	不含税价
合计					¥200000.00	

合计人民币(大写): 贰拾万元整

二、质量要求技术标准:供方对质量负责的条件和期限:按合同企业标准。

三、交(提)货地点、方式: 销货方送货至购货方仓库。

四、付款时间与付款方式:
1、合同签订,甲方向乙方预付货款80000.00元;
2、货物运达,甲方收到货物,验收入库,收到增值税专用发票,支付货物余款;
3、产品交货时间为2019年06月10日。

五、运输方式及到站、港和费用负担: 公路运输至购货方仓库,运费由销货方承担。

六、合理损耗及计算方法:以实际数量验收。

七、包装标准、包装物的供应与回收:普通包装,不回收包装物。

八、验收标准、方法及提出异议期限:货到需方七天内提出质量异议,不包括运输过程中造成的质量问题。

九、违约责任:按《合同法》

十、解决合同纠纷的方式:双方协商解决。

十一、其他约定事项:本合同一式两份,需、供双方各一份,经双方盖章后即生效。

购方(盖章): 北京明发商贸有限公司	销方(盖章): 上海榕运商行
单位地址: 北京西城区百庄西里12号	单位地址: 上海陕西南路56号
电话: 01084226255	电话: 02137903480
签订日期: 2019年05月22日	签订日期: 2019年05月22日
开户银行: 中国工商银行北京西城支行	开户银行: 中国建设银行上海陕西南路分理处
账号: 955880100901886441	账号: 43671200105236834475

中国工商银行 电汇凭证（回单） 1

□普通 □加急	委托日期 年 月 日	
汇款人 全称 账号 汇出地点 省 市/县 汇出行名称	收款人 全称 账号 汇入地点 省 市/县 汇入行名称	
金额 人民币（大写）		亿千百十万千百十元角分
	支付密码 附加信息及用途：	
	汇出行签章	复核： 记账：

此联汇出行给汇款人的回单

完成预付货款的记账凭证（记20）。

记 账 凭 证

年 月 日 　　　　　　　　字第 号

摘要	总账科目	明细科目	借方金额 千百十万千百十元角分	贷方金额 千百十万千百十元角分	√
合计					

附单据 张

财务主管　　　　记账　　　　出纳　　　　审核　　　　制单

7. 2019年10月19日，北京明发商贸有限公司收到武汉红星材料供应公司销售发票，采购款以信汇方式结算，根据背景资料填制信汇凭证并到银行办理。

综合练习题

湖北增值税专用发票
4200082140
№ 53508210
开票日期: 2019年10月19日

购买方	名称: 北京明发商贸有限公司 纳税人识别号: 91110270590544590 地址、电话: 北京西城区百庄西里12号 01084226259 开户行及账号: 中国工商银行北京西城支行 955880100901213644

密码区: 03*3187<4/+8490<+95-59+7<243 4987<0-->>-6>525<693719->7*7 87*3187<4/+8490<+95708681380 9<712/<1+9016>6906++>84>93/-

货物或应税劳务、服务名称	规格型号	单位	数量	单价	金额	税率	税额
胶合板		片	500.00		132743.36	13%	17256.64
合计					¥132743.36		¥17256.64

价税合计（大写）： 壹拾伍万圆整　（小写）¥150000.00

销售方	名称: 武汉红星材料供应公司 纳税人识别号: 914200000764642248 地址、电话: 武汉市汉中大道10号 02788310923 开户行及账号: 中国工商银行武汉汉中支行 955880454573137255

收款人：　　　复核：　　　开票人：蒋丹凤

中国工商银行信汇凭证（回单） 1

委托日期　年　月　日

汇款人	全称		收款人	全称	
	账号			账号	
汇出地点	省　市/县		汇入地点	省　市/县	
汇出行名称			汇入行名称		

金额（大写）人民币　　　亿千百十万千百十元角分

支付密码：
附加信息及用途：

汇出行签章　　复核：　　记账：

完成采购业务记账凭证（记18）。

记账凭证

年　月　日　　　　　字第　号

摘要	总账科目	明细科目	借方金额 千百十万千百十元角分	贷方金额 千百十万千百十元角分	√
合计					

财务主管　　记账　　出纳　　审核　　制单

附单据　张

8.2019年4月28日,北京新太阳集团有限公司(国企)向上海天地集团有限公司(国企)销售空调(新太阳集团作为产品核算)一批,货已发出,连同运费办理托收承付结算手续,合同规定采用验货付款,根据背景资料,填制托收凭证〔合同号:555431(邮划)〕。

托收凭证（受理回单） 1

委托日期　　年　月　日

业务类型　委托收款（□邮划、□电划）　托收承付（□邮划、□电划）

付款人：全称／账号／地址（省、市县、开户行）
收款人：全称／账号／地址（省、市县、开户行）
金额　人民币（大写）　　亿千百十万千百十元角分
款项内容　　托收凭据名称　　附寄单证张数
商品发运情况　　合同名称号码
备注：
复核　记账　　　年　月　日　　收款人开户银行签章　年　月　日

完成销售空调的记账凭证（记30）。

记 账 凭 证

年　月　日　　　　　　　　　字第　号

摘要	总账科目	明细科目	借方金额 千百十万千百十元角分	贷方金额 千百十万千百十元角分	√
					附
					单
					据
					张
合计					

财务主管　　记账　　出纳　　审核　　制单

9.2019年7月25日，北京明发商贸有限公司将本单位持有的上海东方集团有限公司3月25日签发并承兑的不带息的商业承兑汇票，向开户银行办理委托收款（邮划）。请填写委托收款凭证（合同编号：20190325）。

商业承兑汇票

出票日期 贰零壹玖 年 叁月 贰拾伍日 （大写）

编号 10203160 39008891

付款人	全 称	上海东方集团有限公司	收款人	全 称	北京明发商贸有限公司
	账 号	9558801009012132093		账 号	9558801009012136441
	开户银行	中国工商银行上海嘉定支行		开户银行	中国工商银行北京西城支行

出票金额 人民币（大写） 伍万捌仟伍佰元整　　￥585000.00

汇票到期日（大写）　贰零壹玖年柒月贰拾伍日

交易合同号码　20190325

付款人 行号 123100009821

开户行 地址 上海嘉定区华江路05号

本汇票经承兑，到期无条件付款。

本汇票已承兑，保证到期日付款。

（上海东方集团有限公司财务专用章）（晨肖印雨）承兑人签章 承兑日期 2019 年 03 月 25 日

（上海东方集团有限公司财务专用章）（晨肖印雨）出票人签章

此联收款人开户行随托收凭证寄付款行作借方凭证附件

托收凭证（汇款依据或收账通知）

委托日期　年　月　日　　付款期限 2016 年 07 月 30 日

编号 4

业务类型　委托收款（□邮划、□电划）　托收承付（□邮划、□电划）

付款人	全 称		收款人	全 称	
	账 号			账 号	
	地 址	省　市县　开户行		地 址	省　市县　开户行

金额 人民币（大写）　　亿千百十万千百十元角分

款项内容		托收凭据名称		附寄单证张数	
商品发运情况		合同名称号码			

备注：上列款项已划回收入你方账户内。

收款人开户银行签章　年　月　日

复核　记账

此联付款人开户行凭此汇款或收款人开户银行作收账通知

完成收到托收款的记账凭证（记30）。

记账凭证

年　月　日　　　　字第　号

摘要	总账科目	明细科目	借方金额 千百十万千百十元角分	贷方金额 千百十万千百十元角分	√
					附单据　　张
合计					

财务主管　　　记账　　　出纳　　　审核　　　制单

10. 2019 年 6 月 4 日，华盛实业股份有限公司（开户行：中国银行北京海淀支行，账号：4563510100888122489）销售给海达股份有限公司商品一批，收到转账支票一份，出纳员持票到开户行办理进账，根据背景单据，填写银行进账单。

中国银行 进账单（回单） 1

年　月　日

出票人	全称		收款人	全称		此联是开户银行交给持票人的回单
	账号			账号		
	开户银行			开户银行		
金额	人民币（大写）				亿千百十万千百十元角分	
票据种类		票据张数				
票据号码						

复核　　记账　　　　　　　开户银行签章

完成收到货款的记账凭证（记3）。

记 账 凭 证

年　月　日　　　　　　　字第　号

摘要	总账科目	明细科目	借方金额	贷方金额	√	附单据 张
			千百十万千百十元角分	千百十万千百十元角分		
合计						

财务主管　　记账　　出纳　　审核　　制单

11. 2019年12月31日，北京智成软件有限公司收到银行的对账单，请根据相关资料编制银行存款余额调节表。（制表人：王西莹）

银行存款日记账　　第23页

开户行：中国农业银行北京海淀支行
账　号：32015336621168811

2019年		凭证		摘要	借方	贷方	余额	核对
月	日	种类	号数		亿千百十万千百十元角分	亿千百十万千百十元角分	亿千百十万千百十元角分	
12	21			承前页	96245870 00	94568000 00	10141000 00	
12	21	银付	112	取现备用		40000 00	10101000 00	
12	26	银付	113	预付下一年度房租		200000 00	9901000 00	
12	29	银收	213	收回前欠款项	350000 00		10251000 00	
12	30	银收	214	取到预付款	240000 00		10491000 00	
12	31	银付	114	预付购货款		1300000 00	10361000 00	
12	31	银收	215	收回货款	800000 00		11161000 00	
12	31			本月合计	8340000 00	9210000 00	11161000 00	
12	31			本年累计	97635870 00	94938000 00	11161000 00	
				结转下年			11161000 00	

中国农业银行对账单

账号：32015336621168811　　单位名称：北京智成软件有限公司　　页码：01　　币种：人民币

年份：2019

日期	摘要	凭证种类	凭证号码	借方发生额	贷方发生额	余额
1221	承前页					10141000.00
1221	取现备用	转支	#111123	40000.00		10101000.00
1227	预付下一年度房租	转支	#111124	200000.00		9901000.00
1227	收回前欠款项	委收	#1206		350000.00	10251000.00
1231	取到销售款	转支	#111125		240000.00	10491000.00
1231	商业汇票到期	委收	#1209		311000.00	10802000.00
1231	支付物业管理费	特转	#1906	30000.00		10772000.00

（中国农业银行 北京海淀支行 2016.12.31 业务受理章 (02)）

银行存款余额调节表

项目	金额	项目	金额
银行存款日记账余额		银行对账单余额	
加：银行已收企业未收		加：企业已收银行未收	
减：银行已付企业未付		减：企业已付银行未付	
调节后存款余额		调节后存款余额	